Промовляй

відвічним голосом

«Що їздить
в відвічному небі небес.
Ось
Він загримить Своїм голосом,
голосом сильним».

(Псалом 67:34)

Промовляй відвічним голосом

Доктор Джерок Лі

Промовляй відвічним голосом. Автор: доктор Джерок Лі
Надруковано видавництвом «Урім букс»
(Представник: К'юнгте Но)
73, Єоюідебан-ро 22-гіл, Донджак-гу, Сеул, Корея
www.urimbooks.com

Всі права захищені. Цю книжку або будь-які уривки з неї забороняється відтворювати у будь-якій формі, зберігати у системі комп'ютера, передавати у будь-якій формі та будь-яким способом: електронним, механічним, робити фотокопії, записувати або користуватися для цього іншим способом без попереднього письмового дозволу видавця.

Якщо не записано інше, всі цитати з Біблії взяті з Біблії перекладу Івана Огієнка.

Авторське право©2015 доктор Джерок Лі
ISBN: 979-11-263-1092-0 03230
Авторське право перекладу©2013 доктор Естер К. Чан.
Використовується за дозволом.

Вперше опубліковано у вересні 2023

Раніше видано корейською видавництвом «Урім букс» у 2011 році, Сеул, Корея

Редактор: доктор Геумсун Він
Підготовано до друку дизайнерською групою видавництва «Урім букс»
Надруковано компанією «Пріон прінтін»
Для отримання більш детальної інформації звертайтесь за адресою:
urimbook@hotmail.com

Про книгу

Сподіваюся, що читачі отримають відповіді і благословення завдяки відвічному голосу, сповненому справ створення...

Цьому світі існують багато звуків. Існує прекрасне щебетання птахів, невинний сміх маленьких дітей, схвальні вигуки натовпу, звук бензинових двигунів і звуки музики. Це звуки, які ми чуємо досить часто, але існують також звуки, схожі на ультразвук, яке людське вухо почути не може.

Якщо частота звуку надто висока або надто низька, ми не можемо його почути, хоча насправді він існує. Крім того, снують звуки, які ми можемо чути лише серцем. Це схоже на голос нашої совісті. Яким може бути найпрекрасніший і найсильніший голос? Це «Відвічний голос», яким говорить Бог-Творець, початок всього.

«Що їздить в відвічному небі небес. Ось Він загримить Своїм голосом, голосом сильним»

(Псалом 67:34).

«І ось слава Ізраїлевого Бога йшла в напрямі від сходу, а голос Його був, як шум великої води, а земля засвітилася від слави Його!»
(Книга пророка Єзекіїля 43:2).

Спочатку Бог вкрив весь всесвіт як Світло, яке мало величний голос (1 Послання Івана 1:5). Потім Він задумав «зрощення людства», щоби отримати справжніх дітей, з якими Він зможе розділити істинну любов, і Він почав існувати як Триєдиний Бог: Отець, Син і Святий Дух. Відвічний голос був у Сині, Святому Дусі і в Отці.

Коли прийшов час, Бог-Трійця промовив відвічним голосом, щоби створити небо і землю, а також все, що на них. Він промовив: «Хай станеться світло!» «Нехай збереться вода з-попід неба до місця одного, і нехай суходіл стане видний», «Нехай земля вродить траву, ярину, що насіння вона розсіває, дерево овочеве, що за родом своїм плід приносить, що в ньому насіння його на землі», «Нехай будуть світила на тверді небесній для відділення дня від ночі», «Нехай вода вироїть дрібні істоти, душу живу, і птаство, що літає над землею під небесною твердю» (Книга

Буття 1:3; 1:9; 1:11; 1:14; 1:20).

Отже, все творіння чує відвічний голос Бога-Трійці і підкоряється йому, переступаючи межі простору і часу. У чотирьох Євангеліях навіть неживі створіння, вітер і хвилі стихали, коли Ісус починав говорити відвічним голосом (Євангеліє від Луки 8:24-25). Коли Він сказав розслабленому: «Прощаються тобі гріхи» і «Уставай, візьми ложе своє, та й іди у свій дім!» (Євангеліє від Матвія 9:6), він встав і пішов додому. Людей, які бачили це, охопив благоговійний страх і вони прославили Бога, Який дав таку владу людям.

В Євангелії від Івана 14:12 написано: «Поправді, поправді кажу вам: Хто вірує в Мене, той учинить діла, які чиню Я, і ще більші від них він учинить, бо Я йду до Отця». Тож як ми можемо відчути справи відвічного голосу у наш час? Ми можемо прочитати у Книзі Дії про те, що люди використовувалися, як Божі знаряддя для демонстрації Божої сили в залежності від того, наскільки вони позбулися зла зі свого серця і зростили у ньому святість.

Петро сказав чоловікові, який не міг ходити від народження, щоби він пішов в ім'я Ісуса Христа Назарянина і взяв його руку. Тоді чоловік встав, пішов і стрибав. Коли Він сказав Тавіті, яка була вже мертвою: «Вставай!», вона ожила. Апостол Павло воскресив юнака на ім'я Євтих, а коли хустки й пояси приносили з його тіла хворим, хвороби їх кидали і духи лукаві виходили з них.

Ця книжка, «Промовляй відвічним голосом», -- остання книжка із серії «Святість і сила». Вона показує вам шлях, щоби відчути силу Бога через відвічний голос. Тут також розповідається про дійсні справи Божої сили, щоби читачі могли застосувати цей принцип у повсякденному житті. Тут також подаються «Приклади із Біблії», які допоможуть читачам зрозуміти духовне царство і принципи отримання відповідей.

Я дякую Геумсун Він, директору редакційного бюро, а також його робітникам і молюся в ім'я Господа про те, щоби якомога більше людей отримали відповіді на свої молитви і благословення, відчувши відвічний голос, який являє справи створення.

Джерок Лі

Передмова

Разом зі зростанням церкви Бог дозволив нам проводити «Двотижневі особливі збори відродження» з 1993 по 2004. Саме Бог дозволив членам церкви мати духовну віру і спіймати спалах виміру милосердя, світла, любові і сили Бога. З часом Бог дав можливість відчути у їхньому житті силу створення, яка поза межами простору і часу.

Проповіді, які були проголошені на цих зборах відродження, були зібрані у серію «Святість і сила». Книжка «Промовляй відвічним голосом» розповідає нам про глибокі духовні речі, які не були широко відомі: походження Бога; походження небес; справи сили, які являються завдяки відвічному голосу, і як застосовувати їх на практиці у своєму житті.

Розділ 1, «Походження» розповідає про те, хто такий Бог, як Він існував і як і чому Він створив людей. Розділ 2 «Небеса» розповідає про факт існування багатьох небес, а також про те, що Бог управляє всіма небесами. Тут стверджується, що ми можемо отримувати відповіді на будь-які проблеми, якщо ми просто віримо в Бога, за прикладом Наамана, начальника війська Арама. Розділ 3 «Триєдиний Бог» розповідає про те, чому відвічний Бог розділив простори і став Триєдиним Богом, а також якою є роль кожної особи Трійці.

Розділ 4, «Правда» розповідає про правду Бога, а також як ми можемо отримати відповіді відповідно до тієї правди. Розділ 5, «Покора» розповідає про Ісуса, Який повністю скорився Божому Слову, і доводить, що ми також повинні коритися Божому Слову, щоби відчути Божі справи. Розділ 6, «Віра» розповідає про те, що незважаючи на те, що всі віруючі говорять, що вони вірять, існує різниця між мірою отриманих відповідей, а також про те, що ми маємо робити, щоби явити віру, яка може заслужити повну довіру Бога.

Розділ 7, «А ви за кого Мене маєте?» розповідає, яким чином ми можемо отримати відповіді, зважаючи на приклад Петра, який отримав обітницю благословення, коли сповідував Ісуса Господом від щирого серця. Розділ 8 «Що ти хочеш, щоб зробив Я тобі?» описує крок за кроком процес, як сліпий чоловік отримав відповідь. Розділ 9 «Як повірив ти, нехай так тобі й станеться» розповідає про таємницю, як сотник отримав відповідь, а також подає реальні випадки із життя церкви.

В ім'я Господа нашого я молюся про те, щоби завдяки цій книжці всі читачі зрозуміли походження Бога, справи Бога-Трійці і отримали все, чого вони просять, маючи покору і віру у відповідності з правдою, щоби вони могли прославити Бога.

Квітень, 2009
Геумсун Він,
Директор редакційного бюро

ЗмістЗміст

Про книгу

Передмова

Розділ 1   Походження   · 1

Розділ 2   Небеса   · 17

Розділ 3   Триєдиний Бог   · 35

Приклади із Біблії I

Що відбулося, коли брама другого неба відкрилася у перше небо

Розділ 4	Правда	· 55
Розділ 5	Покора	· 73
Розділ 6	Віра	· 91

Приклади із Біблії II
Третє небо і простір третього виміру

Розділ 7	А ви за кого Мене маєте?	· 109
Розділ 8	Що ти хочеш, щоб зробив Я тобі?	
		· 125
Розділ 9	Як повірив ти, нехай так тобі й станеться	
		· 141

Приклади із Біблії III
Сила Бога, Який володіє четвертим небом

Розділ 1 Походження

> «Якщо ми розуміємо походження Бога,
> а також як з'явилися люди,
> ми можемо виконувати всі обов'язки людей».

Походження Бога

Відвічний Бог запланував зрощення людства

Образ Бога-Трійці

Бог створив людей, щоби отримати справжніх дітей

Походження людей

Зерна життя і зачаття

Всемогутній Бог-Творець

*«Споконвіку було Слово, а Слово в Бога було,
і Бог було Слово».*

―――――――――

(Євангеліє від Івана 1:1)

У наш час багато людей прагнуть безглуздих речей, тому що вони не знають про походження всесвіту і про істинного Бога, Який царює у ньому. Вони просто роблять те, що бажають, тому що не розуміють, чому вони живуть на цій землі, не розуміють справжньої мети і цінності життя. Зрештою, їхнє життя схоже на колихання трави, тому що вони не знають про своє походження.

Однак, ми можемо вірити в Бога і виконувати у своєму житті «повний обов'язок» людини, якщо ми розуміємо походження Бога-Трійці, а також походження людей. Тож що таке походження триєдиного Бога: Отця, Сина і Святого Духа?

Походження Бога

В Євангелії від Івана 1:1 розповідається про Бога на початку, а саме, про походження Бога. Коли відбувся той «початок»? Він був до вічності, коли нікого не було окрім Бога-Творця в усіх просторах всесвіту. Всі простори всесвіту – це не лише видимий всесвіт. Окрім простору у всесвіті, у якому живемо ми, існують також неймовірно широкі і безкраї простори. У всьому всесвіті, який вміщує у себе всі всесвіти, існував один Бог-Творець ще до вічності.

Оскільки все на цій землі має межі, початок і кінець, більшість людей не можуть легко уявити «до всесвіту». Бог, напевно, міг би сказати: «Споконвіку був Бог», але чому Він промовив: «Споконвіку було Слово»? Тому що тоді Бог не мав «форми» або «зовнішності», які Він має тепер.

Люди, які живуть у цьому світі, мають обмеження, тому вони завжди бажають мати матеріальну форму або образ, який би вони могли побачити і торкнутися. Тому вони роблять різні ідоли, яким вони поклоняються. Але яким чином створені руками людини ідоли можуть стати богом, який створив небо і землю і все, що на них? Як вони можуть стати богом, який управляє життям, смертю, долею і нещастям або навіть історією людства?

Бог існував як Слово на початку, але оскільки людям треба було визнати існування Бога, Він використав образ. Отже яким чином Бог, Який був Словом на початку, існує? Він існував як прекрасні вогні і чудовий голос. Йому не потрібне було ім'я або образ. Він існував як Світло, яке має голос, і управляв всіма просторами у всесвіті. В Євангелії від Івана 1: 5 написано, що Бог – це Світло, Він покрив всі простори в усьому всесвіті Світлом і голосом. Його голос – це «Слово», про яке написано в Євангелії від Івана 1:1.

Відвічний Бог запланував зрощення людства

Коли настав час, Бог, Який існував від самого початку як Слово, задумав план «зрощення людства». Простіше кажучи, це план створення людства, надання можливості зрости кількісно, щоби деякі з них стали істинними дітьми Божими, які схожі на Нього. Тоді Бог візьме їх у Небесне Царство і житиме щасливо вічно, розділяючи з ними свою любов.

Задумавши цей план, Бог почав здійснювати його поступово. По-перше, Він розділив всесвіт. Я детальніше поясню про простір у другому розділі. Насправді, всі простори були одним простором, і Бог розділив один простір на багато просторів в залежності від необхідності зрощення людства. І дуже важлива подія сталася після розділення просторів.

До початку існував Один Бог, але Бог став Трійцею: Отцем, Сином і Святим Духом. Ніби Бог-Отець народив Бога-Сина і Бога-Святого Духа. Тому в Біблії говориться про Ісуса як про Однородженого Сина Бога. У Посланні до євреїв 5:5 написано: «Ти Мій Син, Я сьогодні Тебе породив».

Бог-Син і Бог-Святий Дух мають одне серце і силу, тому що походять від Єдиного Бога. Трійця єдина в усьому. Тому у Посланні до филип'ян 2:6-7 про Ісуса написано: «Він, бувши в Божій подобі, не вважав за захват бути Богові рівним, але Він умалив Самого Себе, прийнявши вигляд раба, ставши подібним до людини; і подобою ставши, як людина».

Образ Бога-Трійці

На початку Бог був Словом, яке існувало у Світлі, але він став Богом-Трійцею заради зрощення людства. Ми можемо уявити образ Бога, якщо подумаємо про місце, де Бог створив людину. У Книзі Буття 1:26 написано: «І сказав Бог: Створімо людину за образом Нашим, за подобою Нашою, і хай панують над морською рибою, і над птаством небесним, і над худобою, і над усею землею, і над усім плазуючим, що плазує по землі». Тут «ми» стосується Трійці: Отця, Сина і Святого Духа, і ми можемо зрозуміти, що ми були створені за образом Бога-Трійці.

Написано: «Створімо людину за образом Нашим, за подобою Нашою» і ми також зможемо зрозуміти, який образ мав Бог-Трійця. Звичайно, створення людини за образом Бога означає не лише те, зовнішньо ми схожі на Бога. Людина була створена за образом Бога також і всередині. Вона була наповнена добром і правдою.

Але перший чоловік Адам згрішив, не послухавшись Бога, а потім він втратив первинний образ, який отримав у час створення. Він зіпсувався і заплямував себе гріхом і злом. Тож якщо ми дійсно розуміємо, що наше тіло і серце були створені за образом Бога, ми повинні відновити цей втрачений образ Бога.

Бог створив людей, щоби отримати істинних дітей

Після розділення просторів Бог-Трійця почав створювати необхідні речі одну за одною. Наприклад, Йому не потрібна була оселя, коли Він існував як Світло і Голос. Але після того, як Він використав образ, Йому знадобилася оселя, ангели і небесне воїнство, яке служить Йому. Спочатку Він створив духовних істот у духовному царстві, а потім Він створив все у всесвіті, в якому ми живемо.

Звичайно, він створив небо і землю у нашому просторі одразу після того, як створив все у духовному просторі. Створивши духовний простір, Бог-Трійця жив разом з небесним воїнством і ангелами там безмежно довгий період часу. Після того періоду Він створив все, що є у фізичному просторі. І лише після створення всього середовища, в якому могли жити люди, Він створив людину за Своїм образом.

Чому Бог створив людину незважаючи на те, що було багато ангелів і небесне воїнство, яке служило Йому? Тому що Бог хотів отримати справжніх дітей. Справжні діти – це ті, хто хоче бути схожими на Бога, хто може поділитися справжньою любов'ю з Богом. Окрім кількох особливих істот, небесне воїнство і ангели безумовно слухаються і служать, як роботи. Якщо ви подумаєте про батьків і дітей, жодні батьки не будуть любити слухняних роботів більше за власних дітей. Вони люблять своїх дітей, тому що можуть охоче ділитися один з одним любов'ю.

З іншого боку люди здатні слухатися і любити Бога добровільно. Звичайно, люди не можуть легко зрозуміти серце Бога і поділитися з Ним своєю любов'ю одразу після народження. Вони повинні отримати життєвий досвід під час зростання, так що можуть відчути любов Бога і зрозуміти, яким має бути обов'язок людини. Лише такі люди можуть любити Бога всім серцем і коритися Його волі.

Такі люди люблять Бога не примусово. Вони слухаються наказів Бога не через страх відплати. Вони просто люблять Бога і дякують Йому добровільно. І таке ставлення є незмінним. Бог запланував зрощення людства, щоби отримати справжніх дітей, з якими Він зможе поділитися любов'ю, віддавати і отримувати від щирого серця. Для цього Бог створив першого чоловіка Адама.

Походження людей

Звідки взялися люди? У Книзі Буття 2:7 написано: «І створив ГОСПОДЬ Бог людину з пороху земного. І дихання життя вдихнув у ніздрі її, і стала людина живою душею». Отже, люди – це особливі створіння, які руйнують уявлення, на яких наполягають прихильники еволюційного дарвінізму. Люди не еволюціонували від нижчих форм тварин, вийшовши на теперішній рівень. Люди були створені за образом Бога, Бог вдихнув подих життя в людину. Це означає, що від Бога походить як дух, так і тіло.

Тому люди – духовні істоти, які пішли згори. Ми не повинні думати про себе як про трохи більш розвинених тварин. Якщо розглянути скам'янілості, які представляють у якості доказів еволюції, ми не побачимо проміжних форм, які б поєднували різні види. Однак з іншого боку існує більше доказів створення.

Наприклад, всі люди мають два ока, два вуха, один ніс, один рот. Вони знаходяться на своєму місці. І це стосується не лише людей. Всі тварини також мають майже подібну будову. Це є доказом того, що всі живі створіння були створені одним Творцем. Більше того, той факт, що все у всесвіті рухається у бездоганному порядку, без жодної помилки, є доказом Божого створення.

У наш час багато людей думають, що люди еволюціонували від тварин а отже вони не розуміють звідки вони і для чого вони живуть на цій землі. Але як тільки вони зрозуміють, що ми – святі істоти, створені за образом Бога, ми зможемо зрозуміти, хто наш Батько. Тоді ми намагатимемось жити за Його Словом і будемо намагатися бути схожими на Нього.

Ми можемо думати, що наш батько – це наш фізичний батько. Але якщо ми продовжимо ланцюг, то зрозуміємо, що наш фізичний батько – це перший чоловік, Адам. Тож ми можемо зрозуміти, що наш істинний Отець – Бог, Який створив людей. Спочатку зерна життя також дав Бог. В такому разі наші батьки лише позичили свої тіла, ставши знаряддям для поєднання тих зерен, щоби ми зачалися.

Зерна життя і зачаття

Бог дав зерно життя. Він дав сперматозоїди чоловікам і яйцеклітини жінкам, щоби вони могли мати дітей. Отже чоловіки не можуть народжувати дітей самостійно. Бог дав їм зерна життя, щоби вони могли народжувати.

Зерна життя мають силу Бога, які здатні створити всі органи людини. Вони надто малі, так що невидимі для неозброєного ока, але в них закладені характер, зовнішність, звички, а також в них зібрані всі життєві сили. Тож коли народжуються діти, вони мають не лише схожу зовнішність, але й переймають характер своїх батьків.

Якщо люди мають здатність народжувати, чому існують безплідні пари, які борються за народження дітей? Зачаття належить виключно Богові. У наш час роблять штучне запліднення у клініках, але вчені ніколи не зможуть створити сперматозоїд і яйцеклітину. Сила створення цілком належить лише Богові.

Багато віруючих не лише у нашій церкві, але й в інших країнах відчули цю силу Божого створення. Було багато пар, які не могли мати дітей довгий період часу у шлюбі, навіть до 20 років. Вони випробували всі доступні способи, але це не принесло результатів. Але отримавши молитву, багато з них народили здорових дітей.

Кілька років тому одна пара з Японії відвідала збори відродження і отримала мою молитву. Вони не лише зцілилися від своїх хвороб, а також отримали благословення зачаття. Ці новини поширилися, і ще більше японців приїхали, щоби отримати мою молитву. Вони також отримали благословення зачаття відповідно до своєї віри. Це зрештою привело до виникнення церкви-філії у тій країні.

Всемогутній Бог-Творець

Але створення життя під силу лише Богові, управителю всього життя. Завдяки Його силі люди, які зробили останній подих, поверталися до життя; люди, які отримали смертний вирок від лікарів, зцілилися; багато невиліковних хвороб, які ні наука, ані медицина не могли вилікувати, були вилікувані.

Відвічний голос Бога може створити щось із нічого. Він може явити справи сили, для якої немає нічого неможливого. У Посланні до римлян 1:20 написано: «Бо Його невидиме від створення світу, власне Його вічна сила й Божество, думанням про твори стає видиме. Так що нема їм виправдання». Лише дивлячись на все це, ми можемо побачити силу і божественну природу Бога-Творця, Який є джерелом всього.

Якби люди спробували зрозуміти Бога у межах власного знання, вони напевно мали би межі. Тому багато людей не вірить словам, записаним в Біблії. Також деякі люди говорять, що вірять, але насправді не вірять повністю всім словам, записаним в Біблії. Оскільки Ісус знав про це, Він підтвердив слово, яке Він проповідував, багатьма могутніми справами. Він промовив: «Як знамен тих та чуд не побачите, не ввіруєте!» (Євангеліє від Івана 4:48).

Те саме відбувається у наш час. Бог всемогутній. Якщо ми віримо у всемогутність Бога і повністю покладаємося на Нього, будь-яка проблема може бути вирішена і будь-яка хвороба зцілена.

Бог почав створювати все Своїм Словом, промовляючи: «Хай станеться світло!» Коли відвічний голос Бога-Творця чується, сліпі прозрівають, люди в інвалідних візочках або на милицях починають ходити і стрибати. Сподіваюся, ви отримаєте відповіді на всі свої молитви і побажання з вірою, коли відвічний голос Бога буде проголошений.

Еммануель Маралландо Яйпен (Ліма, Перу)

Звільнення від страху перед СНІДом

У 2001 році я проходив медичне обстеження для проходження служби в армії і почув від лікарів: «Ви -- ВІЛ позитивна людина». Це було для мене абсолютно несподівано. Я відчув себе проклятим.

Я не сприймав надто серйозно часту діарею.

Я просто сидів на стільці і почувався безпорадним.

«Як я скажу про це своїй мамі?»

Мені було боляче, але моє серце стискалося ще більше, коли я думав про свою матір. Діарея стала ще частішою, у роті і на кінчиках пальців з'явилася цвіль. Страх смерті поступов почав охоплювати мене все більше і більше.

Але потім я почув, що у грудні 2004 року у Перу приїде могутній служитель з Південної Кореї. Але я не вірив, що моя хвороба вилікується.

Я втратив надію, але моя бабуся рішуче змусила мене відвідати кампанію. Зрештою я відвідав «Кампу-ді-Марті», де у 2004 році проходила Об'єднана кампанія у Перу разом з преподобним доктором Джерок Лі. Я хотів спробувати цю останню надію. Моє тіло вже охопило велике хвилювання завдяки силі Святого Духу, коли я слухав проповідь. Справи Святого Духу явилися у серії див.

Преподобний доктор Джерок Лі не молився за кожного окремо, а помолився за всіх присутніх людей. Однак дуже багато людей свідчили про своє зцілення. Багато людей встали з інвалідних візочків і відкинули милиці. Багато людей раділи, тому що зцілилися від невиліковних хвороб.

Зі мною також сталося диво. Після завершення кампанії я пішов

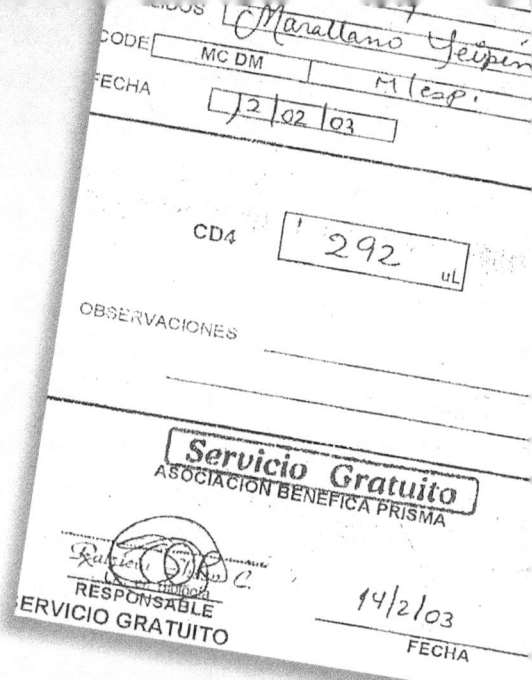

у туалет, і вперше за довгий період часу я помочився нормально. Моя діарея припинилася через два з половиною місяці. Я відчув легкість у тілі. Я був впевнений, що зцілився, і пішов у лікарню. Діагноз показав, що кількість імунних клітин CD4 збільшилася настільки, що тепер становила норму.

СНІД – це невиліковна хвороба, яку називають сучасною чумою. ВІЛ продовжує руйнувати імунні клітини CD4. Це призводить до надто низької функції імунної системи, що призводить до інших ускладнень і можливої смерті.
Імунні клітини CD4 помирали, і дійсно дивовижним є те, що вони відновилися завдяки молитві преподобного доктора Джерок Лі.

- Уривок із книги «Надзвичайне» -

Розділ 2 Небеса

> «Одвічний Бог живе на четвертому небі, управляє всіма небесами, першим небом, другим небом і третім небом».

Багато небес

Перше небо і друге небо

Еденський рай

Третє небо

Четверте небо, оселя Бога

Бог-Творець, всемогутній

Всемогутній Бог переступає людські межі

Зустріти всемогутнього Бога-Творця

«Ти ГОСПОДЬ єдиний! Ти вчинив небо,
небеса небес, і все їхнє військо, землю та все, що на ній, моря
та все, що в них, і Ти оживляєш їх усіх,
а небесне військо Тобі вклоняється!»
───────────────
(Книга пророка Неемії 9:6)

Бог існує поза межами людей. Він існував до початку вічності і існує протягом вічності. Світ, у якому Він живе, -- це простір, вимір якого повністю відрізняється від цього світу. Видимий мир, в якому живуть люди, -- це фізичне царство, а простір, де живе Бог, -- це духовне царство. Духовне царство напевно існує, але лише тому, що його не бачить наше фізичне око, люди схильні заперечувати його існування.

Один космонавт колись сказав: «Я був у космосі, але Бога там не бачив». Яке безглузде спостереження! Він вважає, що видимий космос – це все. Але навіть астрономи можуть сказати, що цей видимий космос безмежний. А яку частину цього безмежного космосу побачив космонавт, щоб заперечувати існування Бога? Маючи власні людські обмеження, ми не можемо навіть пояснити всі процеси у всесвіті, в якому живемо.

Багато небес

У Книзі пророка Неемії 9:6 написано: «Ти ГОСПОДЬ єдиний! Ти вчинив небо, небеса небес, і все їхнє військо, землю та все, що на ній, моря та все, що в них, і Ти оживляєш їх усіх, а небесне військо Тобі вклоняється!» Тут говориться про те, що існує не одне, а багато небес.

Тож скільки насправді є небес? Якщо ви вірите в Небесне Царство, ви, напевно, подумаєте про два неба. Одне небо, яке знаходиться у фізичному царстві, а друге – Небесне Царство, яке є небом духовного царства. Але в Біблії говориться про кілька небес у багатьох місцях.

«Що їздить в відвічному небі небес. Ось Він загримить Своїм голосом, голосом сильним» (Псалом 67:34).

«Бо чи ж справді Бог сидить на землі? Ось небо та небо небес не обіймають Тебе, що ж тоді храм той, що я збудував?» (1 Книга Царів 8:27)

«Я знаю чоловіка в Христі, що він чотирнадцять років тому чи в тілі, не знаю, чи без тіла, не знаю, знає Бог був узятий до третього неба» (2 Послання до коринтян 12:2).

Апостол Павло, коли взятий був на третє небо, розповідає нам, що існує перше, друге і третє небо, тож може бути більше небес.

Також у Книзі Дії 7:56 Степан промовив: «Ось я бачу відчинене небо, і Сина Людського, що по Божій правиці стоїть!...» якщо духовні очі людини відкриті, вони можуть бачити духовне царство і розуміють існування небесного царства.

У наш час навіть учені говорять, що існує багато небес. Один з провідних учених у цій сфері – Макс Тегмарк, космолог, який запровадив поняття чотирирівневого мультивсесвіту.

По суті, засновуючись на космологічних спостереженнях, можна сказати, що наш світ – це частина всесвіту, де існують численні світи, і кожен світ може мати абсолютно інші фізичні властивості.

Різні фізичні властивості означають, що властивості часу і простору можуть надто відрізнятися. Звичайно, наука не може пояснити все, що стосується духовного царства. Однак, навіть з науковим підходом, ми можемо принаймні дістати трохи фактів про те, що наш світ – це ще не все.

Перше і друге небо

Багато небес можна розподілити загалом на дві підкатегорії. Це небеса у духовному царстві, яке невидиме для наших очей, і небеса у фізичному царстві, в якому ми живемо. Фізичний світ, в якому ми живемо, -- це перше небо, а з другого неба далі існує духовне царство. У другому небі існує простір світла, де розташований еденський рай, а також простір темряви, де живуть злі духи.

У Посланні до ефесян 2:2 написано, що злі духи – це «князь, що панує в повітрі», а «повітря» належить другому небу. У Книзі Буття 3:24 розповідається про те, що на схід від еденського раю Бог поставив Херувима і меча полум'яного, який обертався навколо, щоб стерегти дорогу до дерева життя.

> «І вигнав Господь Бог Адама. А на схід від еденського раю поставив Херувима і меча полум'яного, який обертався навколо, щоб стерегти дорогу до дерева життя».

Чому Бог поставив їх на сході? Тому що «схід» -- це наче кордон між світом злих духів і еденським раєм, який належить Богові. Бог охороняв рай, щоби не допустити проникнення злих духів у рай, щоби ніхто не зміг їсти з дерева життя і отримати вічне життя.

Перед тим, як Адам їв з дерева знання добра і зла, Адам мав право, отримане від Бога, управляти еденським раєм і всім, що знаходиться на першому небі. Але Адама було вигнано з раю, тому що він не послухався Слова Божого і їв з дерева знання. Відтоді хтось інший мав охороняти еденський рай, де росло дерево життя. Тому замість Адама Бог поставив Херувима і полум'яного меча, який обертався навколо, щоби охороняти рай.

Еденський рай

У 2 главі Книги Буття, після того, як Бог створив Адама з пороху земного, Він створив еденський рай і привів у нього Адама. Адам був «живою істотою» або «живою душею». Він був духовною істотою, яка отримала подих життя від Бога. Тому Бог привів його у друге небо, духовний простір, щоби жити там.

Бог також благословив його підкоряти і управляти всім по всій землі на першому небі. Але після гріха непокори Адама Богові його дух помер і він вже не зміг жити у духовному просторі. Тому його було вигнано на землю.

А люди, які не розуміють цей факт, досі намагаються знайти еденський рай на землі. Тому що вони не розуміють, що еденський рай знаходиться на другому небі, у духовному царстві, а не у цьому фізичному світі.

Піраміди у Гізі, Єгипет, є одним із див світу. Вони настільки складні і величні, що здається, що вони були побудовані не людьми. Загальна вага кожного каменю

2,5 тони. Піраміда побудована з 2,3 мільйонів таких каменів. Звідки вони взяли всі ці камені? Також які робочі інструменти вони використовували для будівництва у ті часи?

Отже хто побудував ці піраміди? На це питання можна легко відповісти, якщо ми розуміємо, що існують багато небес і духовний простір. Детальніше про це розповідається у лекціях під назвою «Буття». Тепер, коли Адам був вигнаний з еденського раю через непокору, хто живе у раю?

У Книзі Буття 3:16 Бог після гріхопадіння сказав Єві: «Помножуючи, помножу терпіння твої та болі вагітности твоєї. Ти в муках родитимеш діти». «Помножу» означає, що був певний біль під час народження дітей, і він мав бути набагато збільшений. Також у Книзі Буття 1:28 говориться про те, що Адам і Єва «розмножувалися», тобто Єва народжувала, коли жила в еденському раї.

Отже кількість дітей Адама і Єви в еденському раї була незліченною. І вони все ще живуть там навіть після того, як Адам і Єва були вигнані внаслідок свого гріха. До гріхопадіння Адама люди з еденського раю могли вільно переходити на землю, але після вигнання Адама були зроблені обмеження.

Концепція часу і простору між першим і другим небом дуже різні. На другому небі також існує плин часу, але він не такий обмежений, як на першому небі, у нашому фізичному світі. В еденському раї ніхто не старіє і не помирає. Ніщо не гине і не зникає. Навіть через довгий час люди в еденському раї не відчувають різниці часу. Вони відчувають, ніби живуть у часі, який не рухається. Також простір в Едені безмежний.

Якби люди не вмирали на першому небі, колись би воно стало повним людей. Але оскільки друге небо має безмежний простір, воно ніколи не наповниться людьми, незалежно від того, скільки їх народилося.

Третє небо

Існує інше небо, яке належить духовному царству. Це третє небо, де знаходиться Небесне Царство. Це місце, де спасенні Божі діти житимуть вічно. Апостол Павло отримав чіткі одкровення і видіння від Господа і у 2 Посланні до коринтян 12:2-4 промовив: «Я знаю чоловіка в Христі, що він чотирнадцять років тому чи в тілі, не знаю, чи без тіла, не знаю, знає Бог був узятий до третього неба. І чоловіка я знаю такого, чи в тілі, чи без тіла, не знаю, знає Бог, що до раю був узятий, і чув він слова невимовні, що не можна людині їх висловити».

Так само, як в кожній країні є своя столиця, а також малі міста і містечка, у небесному царстві є багато осель, починаючи з міста Новий Єрусалим, де знаходиться престол Бога, закінчуючи раєм, який можна вважати околицею небесного царства. Наші оселі будуть відрізнятися в залежності від того, наскільки ми любили Бога і наскільки ми зростили серце істини і відновили втрачений образ Бога на цій землі.

Треті небеса мають ще менше обмежень часу і простору, ніж другі небеса. Вони мають вічний час і безмежний простір. Людям, які живуть на першому небі, важко зрозуміти простір і час небесного царства. Давайте подумаємо про повітряну кулю. Перед тим, як ви надуєте її повітрям, площа кульки і об'єм обмежені. Але він змінюється в залежності від кількості повітря, яке ви вдуєте у нього. Те саме стосується простору небесного царства. Коли ми будуємо будинок на цій землі, нам необхідно мати ділянку землі. Простір, який ми можемо створити на цій ділянці, обмежений. Але у просторі третього неба можна будувати будинки іншим способом, ніж на землі через концепцію простору, об'єму, довжини чи висоти, які знаходяться поза тими межами, що є на цій землі.

Четверте небо, оселя Бога

Четверте небо – первісний простір, де існував Бог до початку, до того, як Він розділив всесвіт на кілька небес. На четвертому небі немає сенсу користуватися концепцією часу і простору. Четверте небо переходить межі уявлення про час і простір, і в тому місці все, що бажає Бог, відбудеться у ту ж мить.

Воскреслий Господь явився Своїм учням, які боялися євреїв і ховалися у домі, зачинившись на всі замки (Євангеліє від Івана 20:19-29). Він явився посеред дому хоча ніхто не відкривав йому двері. Він явився нізвідки Своїм учням, які були в Галілеї, і їв з ними (Євангеліє від Івана 21:1-14). Він перебував на землі протягом сорока днів і вознісся на небеса на хмарах на очах багатьох людей. Ми бачимо, що воскреслий Ісус Христос міг перейти межі фізичного простору і часу.

Отже як все буде відбуватися на четвертому небі, де від початку живе Бог? Так само, як Він охопив і управляв всіма просторами у всесвіті, коли існував як Світло, яке містило Голос, Він управляє першим, другим, третім небом, коли Сам живе на четвертому небі.

Бог-Творець, всемогутній

Цей світ, де живуть люди, -- дуже маленька цятка у порівнянні з іншими просторими і таємничими небесами. На землі люди роблять все можливе, щоби жити кращим життям, терплячи різноманітні тяжкі випробування і труднощі. Для них все на цій землі таке складне, а проблеми важко вирішуються, але ніхто не сформулював цю проблему для Бога.

Припустимо, людина спостерігає за світом мурах. Інколи мурахам дуже важко тягти їжу. А людина може дуже легко покласти її у мурашник. Якщо на шляху мурахи зустрінеться калюжа, яку вона не може перейти, людина може взяти мураху у свої руки і перенести її на сушу по інший бік калюжі. Якою б важкою не була проблема для мурах, для людини вона невелика. Так само за допомогою всемогутнього Бога ніщо не може бути проблемою.

Старий Заповіт багато разів свідчить про всемогутність Бога. За допомогою всемогутньої сили Бога Червоне море розділилося, а води повноводної ріки Йордан зупинилися. Сонце і місяць завмерли, а коли Мойсей вдарив по скелі своїм жезлом, з неї потекла вода. Незалежно від того, яку велику силу, багатства і знання може мати людина, невже вона може розділити море, зупинити сонце і місяць? Але в Євангелії від Марка 10:27 Ісус сказав: «Неможливе це людям, а не Богові. Бо для Бога можливе все!»

У Новому Заповіті також наведені багато прикладів, де хворі і покалічені зцілялися і відновлювалися, і навіть мертві воскресали за допомогою сили Бога. Коли хустки і пояси, які торкалися Павла, приносили хворим, хвороби зникали і злі духи відступали.

Всемогутній Бог переступає людські межі

Навіть у наш час, якщо ми приймаємо допомогу сили Бога, для нас не може бути проблем. Навіть очевидно найважчі проблеми більше не будуть проблемами. Це підтверджується щотижня у церкві, в якій я служу. Багато невиліковних хвороб, у тому числі СНІД, були вилікувані, коли віруючі слухали Боже Слово на богослужінні і отримали молитву про зцілення.

Не лише у Південній Кореї, але також безліч людей по всьому світу відчули дивовижні справи зцілення, про які написано в Біблії. Одного разу про ці справи було показано сюжет на телебаченні СіЕнЕн. Крім того, у нас є пастори-помічники, які моляться з хустками, над якими помолився я. Завдяки цим молитвам відбуваються дивовижні справи божественного зцілення, які переходять межі народів і культур.

Мої проблеми також були вирішені, коли я зустрів Бога-Творця. У мене було дуже багато хвороб, так що мене називали «універмагом хвороб». У моїй родині не було миру. Я не бачив навіть променя надії. Але я зцілився від усіх своїх хвороб у мить, коли став на коліна у церкві. Бог благословив мене віддати фінансові борги. Вони були такі великі, що здавалося неможливим віддати їх за все своє життя. Але я віддав їх за кілька місяців. Моя родина стала щасливою і радісною. Більше того, Бог покликав мене стати пастором і дав мені Свою силу спасати численні душі людей.

У наш час дуже багато людей говорять, що вірять в Бога, але дуже небагато мають істинну віру. Якщо у людей виникає проблема, більшість з них покладаються на самих себе, а не на Бога. Вони розчаровуються і засмучуються, коли не можуть власними силами вирішити свої проблеми. Якщо вони хворіють, вони не звертаються до Бога, але покладаються на лікарів у медичних закладах. Коли вони стикаються з проблемами у бізнесі, вони всюди шукають допомоги.

Деякі віруючі нарікають на Бога або втрачають віру через фізичні труднощі. Вони стають нестійкими у вірі і втрачають повноту, коли піддаються утискам або коли очікують втрату через свою неправедність. Однак якщо вони вірять в те, що Бог створив небо і може зробити все можливим, звичайно, вони не будуть цього робити.

Бог створив внутрішні органи людей. Невже існує така серйозна хвороба, яку Бог не міг би зцілити? Бог сказав: «Моє срібло й Моє золото» (Книга пророка Огія 2:8). Невже Він не може зробити Своїх дітей багатими? Бог може зробити все, а люди знеохотилися, засмутилися і відійшли від істини, тому що не довіряють всемогутньому Богу. Незалежно від того, яка проблема існує в людини, вона може вирішити її будь-коли, якщо дійсно довіряє Богові від щирого серця і покладається на Нього.

Зустріти всемогутнього Бога-Творця

Історія про начальника війська Наамана, записана у 2 Книзі Царів 5, розповідає нам про те, як можна отримати відповіді на свої проблеми від всемогутнього Бога. Нааман був начальником війська Арама, але не міг позбутися прокази.

Одного разу він почув від малої дівчини, служниці-єврейки про силу Бога, яка являлася через Єлисея, пророка Ізраїлевого. Він був язичником, який не вірив в Бога, але він не знехтував словами малої дівчини-служниці, тому що мав добре серце. Він приготував цінні підношення для Єлисея, Божого чоловіка, і відправився у довгу подорож.

Але коли він прийшов у дім Єлисея, пророк не помолився про нього і не привітав його. Він лише дозволив рабу передати послання, щоби Нааман сім разів омив своє тіло у річці Йордан. Спочатку він образився, але скоро передумав і скорився. Незважаючи на те, що справи і слова Єлисея на його погляд не мали сенсу, він повірив і скорився, тому що Божий пророк, який діяв з силою Бога, промовив до нього.

Коли Нааман занурився сім разів у Йордан, його проказа дивним чином повністю зникла. Що тут символізує занурення в Йордан сім разів? Вода – це Боже Слово. Це означає, що будь-яка людина може отримати прощення за свої гріхи, якщо змиє бруд зі свого серця за допомогою Божого Слова, так само як очищає своє тіло водою. Оскільки число сім означає досконалість, занурення сім разів вказує на те, що він отримав повне прощення.

Як говорилося раніше, щоби нам, людям, отримати відповідь від всемогутнього Бога, необхідно, щоби відкрився коридор сполучення між нами і Богом через отримання прощення наших гріхів. У Книзі пророка Ісаї 59:1-2 написано: «Ото ж бо, ГОСПОДНЯ рука не скоротшала, щоб не помагати, і Його вухо не стало тяжким, щоб не чути, бо то тільки переступи ваші відділювали вас від вашого Бога, і ваші провини ховали обличчя Його від вас, щоб Він не почув».

Якщо ми не знали Бога і не прийняли Ісуса Христа, ми повинні покаятися у тому, що ще не прийняли Ісуса Христа (Євангеліє від Івана 16:9). Бог сказав, що ми убивці, якщо ненавидимо своїх братів (1 Послання Івана 3:15), і ми повинні покаятися у тому, що не любили своїх братів. У Посланні Якова 4:2-3 написано: «Бажаєте ви та й не маєте, убиваєте й заздрите та досягнути не можете, сваритеся та воюєте та не маєте, бо не прохаєте, прохаєте та не одержуєте, бо прохаєте на зле, щоб ужити на розкоші свої». Отже ми повинні покаятися у тому, що молилися з жадобою і сумнівами (Послання Якова 1:6-7).

Крім того, якщо ми не почали здійснювати Боже Слово на практиці, сповідуючи свою віру, ми повинні щиро покаятися. Ми повинні не лише сказати, що нам шкода. Ми повинні повністю розірвати своє серце, проливаючи сльози і плачучи. Наше покаяння можна вважати істинним лише якщо ми твердо вирішили жити за Божим Словом і дійсно застосовувати його на практиці.

У Книзі Повторення Закону 32:39 написано: «Побачте тепер, що Я є Той, і Бога немає крім Мене. Побиваю й оживлюю Я, і не врятує ніхто від Моєї руки». Таким є Бог, у якого ми віримо.

Бог створив небеса і все, що на них. Він знає всі наші обставини. Він досить могутній, щоби відповісти на всі наші молитви. Незалежно від того, якими безнадійними або гнітючими є обставини для людей, Він може все повернути на сто вісімдесят градусів наче прокрутити монету. Отже, сподіваюся, що ви отримаєте відповіді на молитви і бажання вашого серця, маючи істинну віру покладатися лише на Бога.

Доктор Віталій Фішберг (місто Нью-Йорк, Сполучені Штати)

На місці див

Перед завершенням медичного інституту у Молдові я був головним редактором медичного журналу «Ваш сімейний лікар», відомого у Молдові, Україні, Росії і Білорусі. У 1997 році я переїхав у США. Я отримав докторський ступінь з натуропатичної медицини, ступінь доктора наук з клінічної дієтології та інтегративної медицини, доктора альтернативної медицини, доктора ортомолекулярної медицини і почесного доктора валеології. Коли я приїхав у Нью-Йорк після навчання, дуже скоро я став дійсно відомий у російській общині і багато газет друкували мої статті щотижня. У 2006 році я дізнався про те, що відбудуться великі християнські збори у Медісон-сквер-гарден. Я мав можливість зустріти делегацію Церкви Манмін і я відчув силу Святого Духу через тих людей. Через два тижні я відвідав кампанію.

Преподобний доктор Джерок Лі помолився про присутніх після проповіді, де говорив про те, чому Ісус – наш Спаситель. «Господь, зціли їх! Бог-Отець, якщо проповідь, яку я говорив, не є істиною, не дай мені можливості явити могутні справи сьогодні ввечері! Але якщо моє послання – істина, дозволь багатьом душам побачити доказ живого Бога. Дозволь скаліченим ходити! Дозволь глухим почути! Всі невиліковні хвороби нехай згорять у вогні Святого Духу і люди одужають!»

Я був вражений почути таку молитву. Що буде, якщо божественні зцілення не відбудуться? Як він може так впевнено молитися? Але дивовижні справи вже почали відбуватися ще до того, як завершилася молитва про хворих. Люди, які страждали від лихих духів, звільнилися від них. Німі почали говорити. Сліпі почали бачити. Багато людей свідчили про зцілення поганого слуху. Багато людей встали з інвалідних візочків і відкинули милиці. Дехто з них свідчив про зцілення від СНІДУ.

З продовженням кампанії Божа сила проявилася ще більше. Лікарі Всесвітньої мережі християн-лікарів, ВМХЛ, які приїхали з різних країн світу, поставили стіл для отримання свідоцтв. Вони спробували засвідчити справжність свідоцтв з медичної точки зору і ближче до кінця заходу у нас не вистачало лікарів, щоби зареєструвати всіх людей, які свідчили про своє зцілення!

Нубії Кано, жінці 54 років, яка проживає у Квінзі, у 2003 році поставили діагноз рак хребта. Вона не могла рухатися і ходити. Вона весь час лежала у ліжку і змушена була кожні дві години приймати уколи морфіну через нестерпний біль. Лікар сказав їй, що вона більше не зможе ходити.

Коли вона разом із подругою відвідала Кампанію преподобного доктора Джерок Лі у Нью-Йорку у 2006 році, вона побачила багато людей, які отримали зцілення від Бога, і до неї почала приходити віра. Коли вона отримала молитву преподобного Лі, вона відчула тепло в усьому тілі і відчула, ніби хтось масажує її спину. Біль у спині пройшов і відтоді вона може ходити і нахилятися! Її лікар був надто здивований, коли побачив, що

Лікарі ВМХЛ реєструють свідоцтва

жінка, яка не повинна була у майбутньому ходити, ходить як завжди. Тепер вона навіть може танцювати. Вона могла навіть танцювати під музику меренге.

Максімілла Родрігез, яка живе у Брукліні, мала дуже поганий зір. Вона носила контактні лінзи протягом 14 років і окуляри протягом останніх двох років. В останній день кампанії вона отримала молитву преподобного доктора Джерок Лі з вірою і одразу зрозуміла, що може бачити без окулярів. Сьогодні вона може читати навіть мілкий шрифт в її Біблії без окулярів. Її офтальмолог, помітивши і підтвердивши очевидне поліпшення зору, лише здивувався, побачивши такі зміни на власні очі.

Медісон-сквер-гарден, де проводилася кампанія у липні 2006 року, був дійсно місцем див. Я був надто зворушений силою Бога. Я був зворушений стати свідком сили Бога. Його сила змінила мене і дозволила побачити новий напрямок життя. Я вирішив стати Божим інструментом, щоби з медичної точки зору засвідчити Божі справи зцілення і зробити їх відомими в усьому світі.

- Уривок із книги «Надзвичайне» -

Розділ 3 Триєдиний Бог

> «Бог, в якого ми віримо, -- єдиний. Але Він вміщає у Собі три особи: Отця, Сина і Святого Духа».

План Бога для зрощення людства

Природа і властивості Бога-Трійці

Ролі Бога-Трійці

Ісус-Син відкриває шлях спасіння

Святий Дух завершує спасіння

Не загашайте Духа

Бог-Отець, Керівник зрощення людства

Триєдиний Бог виконує план спасіння

Заперечення Триєдиного Бога і справ Святого Духа

*«Тож ідіть, і навчіть всі народи,
христячи їх в Ім'я Отця, і Сина,
і Святого Духа»*

(Євангеліє від Матвія 28:19)

Бог-Трійця означає, що Бог-Отець, Бог-Син і Бог-Святий Дух одне ціле. Бог, в якого ми віримо, -- єдиний Бог. Але Він вміщує у собі три особи: Отця, Сина і Святого Духа. І незважаючи на те, що Вони – одне ціле, ми говоримо «Триєдиний Бог» або «Бог-Трійця».

Це дуже важлива доктрина християнства, але навряд хтось може пояснити це правильно і докладно. Для людини це дуже важко, тому що вона має обмежене мислення і думки, щоби зрозуміти походження Бога-Творця. Але в залежності від того, наскільки ми розуміємо Бога-Трійцю, ми можемо зрозуміти Його серце і волю ясніше і отримати благословення і відповіді на наші молитви у спілкуванні з Ним.

План Бога для зрощення людства

У Книзі Вихід 3:14 Бог промовив: «Я ТОЙ, ЩО Є». Його ніхто не народжував і не створював. Він існував від початку. Він поза розумінням або уявою людей. Він не має ні початку, ані кінця. Він просто існує ще до вічності і всю вічність. Як говорилося раніше, Бог існував Сам як Світло, яке має голос, що видзвонює у безкрайньому просторі (Євангеліє від Івана 1:1; 1 Послання Івана 1:5). Але у певний момент часу Він захотів мати того, з ким Він міг би поділитися Своєю любов'ю, і Він запланував зрощення людства, щоби отримати справжніх дітей.

Щоби здійснити зрощення людства, Бог спочатку розділив простір. Він розділив простір на духовний і фізичний, де б жили люди, які мають фізичні тіла. Після того Він почав існувати як Триєдиний Бог. Одвічний Бог почав існувати у трьох особах: Отця, Сина і Святого Духа.

В Біблії говориться про те, що Бог, Син Ісус Христос, був народжений від Бога (Книга Дії 13:33), і Євангеліє від Івана 15:26, а у Посланні до галатів 4:6 написано, що Святий Дух також вийшов від Бога. Так само, як створення другого «я», Син Ісус і Святий Дух походять від Бога-Отця. Це було цілком необхідно для зрощення людства.

Ісус-Син і Святий Дух – не створіння, які створив Бог, але вони – одвічний Бог. Вони єдині за походженням, але існують самостійно для зрощення людства. Їхні ролі відрізняються, але вони єдині у серці, думках і силі, і тому ми говоримо, що Вони – це Бог-Трійця.

Природа і властивості Бога-Трійці

Подібно до Бога-Отця, Ісус-Син і Святий Дух також є всемогутніми. Також Ісус-Син і Святий Дух відчувають і бажають те саме, що відчуває і бажає Бог-Отець. І навпаки, Бог-Отець відчуває радість і біль Ісуса-Сина і Святого Духа. Проте Три Особистості -- самостійні особи, які мають свій характер, і їхні ролі також різні.

З одного боку Ісус-Син отримав таке саме серце Бога-Отця, але Його божественність сильніше, ніж Його людська природа. Отже Його божественний сан і правда більш визначні. З іншого боку, у випадку зі Святим Духом Його людська природа сильніша. Його якості: чутливість, доброта, милосердя і співчуття, більш видатні.

Як говорилося раніше, Бог-Син і Бог-Святий Дух єдині

за походженням з Богом-Отцем, але самостійні особи, які мають власні характеристики. Їхні ролі також відрізняються в залежності від порядку. Після Бога-Отця – Син-Ісус Христос, а Святий Дух за Сином. Він служить Синові і Отцю з любов'ю.

Ролі Бога-Трійці

Три особи Трійці разом здійснюють роботу зі зрощення людства. Кожна із Трьох Осіб у повній мірі відіграє Свою роль. Але інколи Вони здійснювали роботу разом у дуже важливі моменти зрощення людства.

Наприклад, у Книзі Буття 1:26 написано: «І сказав Бог: Створімо людину за образом Нашим, за подобою Нашою». Ми можемо зробити висновок, що Бог-Трійця створив людей за Їхньою подобою. Також коли Бог зійшов оглянути Вавилонську вежу, Троє були одним цілим. Коли люди почали будувати Вавилонську вежу, маючи бажання стати як Бог, Бог-Трійця змішав їхню мову.

У Книзі Буття 11:7 написано: «Тож зійдімо, і змішаймо там їхні мови, щоб не розуміли вони мови один одного». Тут «ми» -- це займенник множини першої особи. Тож ми бачимо, що Три Особи Бога-Трійці були разом. Як написано, Три Особи інколи діяли як одне ціле, але насправді Вони відігравали окремі ролі, так щоби план зрощення людства здійснився від створення до спасіння людства. Тож яку роль відповідно має кожна Особа Трійці?

Ісус-Син відкриває шлях спасіння

Роль Сина-Ісуса полягає у тому, щоби стати Спасителем і відкрити грішникам шлях спасіння. Відколи Адам у непокорі їв плід, заборонений Богом, гріх увійшов у людей. Тепер людям необхідно було отримати спасіння.

І вони були приречені на вічну смерть, пекельний вогонь, відповідно до закону духовного царства, де заплата за гріх – смерть. Однак Ісус, Божий Син, заплатив життям за грішників, щоби вони не потрапили до пекла.

Тож чому Ісус-Син повинен був стати Спасителем для всього людства? Так само, як у кожній країні є свій закон, так і духовне царство має свій закон, де не будь-хто може стати Спасителем. Людина може відкрити шлях спасіння лише коли відповідає певним вимогам. Тоді якими мають бути вимоги для того, щоби стати Спасителем і відкрити шлях спасіння для людства, яке було приречене на смерть через гріхи?

По-перше, Спасителем повинен бути чоловік. У 1 Посланні до коринтян 15:21 написано: «Смерть бо через людину, і через Людину воскресення мертвих». Як написано: оскільки смерть увійшла в людей через непокору чоловіка, Адама, спасіння також повинно прийти через такого ж чоловіка, як Адам.

По-друге, Спаситель не повинен бути нащадком Адама. Всі нащадки Адама -- грішники, які народилися з первинним гріхом, успадкованим від батьків. Жоден нащадок Адама не може стати Спасителем. Але Ісус був зачатий Святим Духом, і Він не є нащадком Адама. Він не має первородного гріха, успадкованого від батьків (Євангеліє від Матвія 1:18-21).

По-третє, Спаситель повинен мати силу. Щоби викупити грішників у ворога-диявола, Спаситель повинен мати силу, духовну силу, бути безгрішним. Він не повинен мати первородного гріха і не вчинити жодного гріха, повністю бувши покірним Божому Слову. Він повинен бути без плями і бруду.

І, нарешті, Спаситель повинен мати любов. Навіть якщо людина відповідатиме всім трьом вимогам, описаним вище, вона не помре за гріх інших людей, якщо не буде мати любов. Тоді людство ніколи не отримало би спасіння. Отже, Спаситель повинен мати любов, щоби прийняти покарання смертю замість людей, які були грішниками.

У кінофільмі «Страсті Христові» дуже добре показані страждання Ісуса. Ісуса секли різками і Його шкіра була пошматована. Йому прибили ноги і руки цвяхами, на Нього одягли колючий вінок на голову. Його повісили на хрест, і коли Він зрештою зробив свій останній подих, Йому прокололи бік, Він пролив всю Свою воду і кров. Він прийняв всі ті страждання, щоби викупити нас від нашого беззаконня, гріхів, хвороб і слабкостей.

Від гріхопадіння Адама жоден не відповідав всім чотирьом вимогам. Насамперед, нащадки Адама успадкували первородний гріх, тобто гріховну природу від їхніх предків при народженні. Немає людини, яка б повністю жила відповідно до закону Бога, а також немає такої людини, яка б ніколи не грішила. Людина, яка має великий борг, не може виплатити борг інших людей. Так само грішники, які мають первородний гріх і власні гріхи, не можуть спасти грішників, інших людей. Тому Бог приготував таємницю, яка була прихована до початку віків, а саме, Ісуса, Божого Сина.

Ісус відповідав всім вимогам бути Спасителем. Він народився на землі у тілі людини, але не був зачатий за допомогою сперми чоловіка і яйцеклітини жінки. Діва Марія отримала дитину завдяки Святому Духу. Отже Ісус не був нащадком Адама і не мав первородного гріха. І все Своє життя Він повністю був покірний Закону і не вчинив жодного гріха.

Це повністю дало право Ісусу бути розіп'ятим, маючи жертовну любов до грішників. Таким чином, люди отримали шлях прощення за свої гріхи через Його кров. Якби Ісус не став Спасителем, всі люди від Адама потрапили би у пекло. Також якби всі потрапили у пекло, ціль зрощення людства не була б досягнута. Це означає, що ніхто б не зміг увійти у царство небесне і таким чином Бог не отримав би істинних дітей.

Тому Бог приготував Ісуса-Сина, Який би виконав роль Спасителя, щоб виконати намір зрощення людства. Будь-яка людина, яка вірить в Ісуса, Який помер на хресті за нас, бувши безгрішним, може отримати прощення за свої гріхи і отримати право стати дитиною Бога.

Святий Дух завершує спасіння

Справа Святого Духу – завершити спасіння, яке люди отримали через Ісуса-Сина. Так само, як мати вигодовує і виховує немовля. Святий Дух насаджує віру у серця тих людей, які приймають Господа, і веде їх доки вони не дістануться небесного царства. Він розділяє незчисленних духів, коли здійснює Своє служіння. Первинна сутність Святого Духа знаходиться в одному місці, але незчисленні духи, відділені від Нього, виконують служіння у ту ж мить в усьому світі, маючи те саме серце і силу.

Звичайно, Отець і Син можуть розділити незчисленну кількість духів як у випадку зі Святим Духом. Ісус сказав в Євангелії від Матвія 18:20: «Бо де двоє чи троє в Ім'я Моє зібрані, там Я серед них». Ми можемо зрозуміти, що Ісус може відділити незліченну кількість духів від Своєї первинної особи. Господь Ісус не може бути з віруючими, як Його первинна особа, у будь-якому місці, де вони збираються в ім'я Його. Замість того, Його розділені духи йдуть всюди і перебувають з ними.

Святий Дух веде кожного віруючого так доброзичливо і ніжно, як мати-годувальниця дбає про свою дитину. Коли люди приймають Господа, духи, відділені від Святого Духу, входять у їхнє серце. Незалежно від того, скільки людей приймають Господа, духи, відділені від Святого Духа, можуть увійти у їхні серця і жити в них. Коли це відбувається, ми говоримо, що люди «отримали Святого Духа». Святий Дух, який живе у серцях віруючих, допомагає їм мати духовну віру для спасіння, і Він, як вчитель, виховує їхню віру, щоби вона зросла до повної міри.

Він скеровує віруючих, щоб вони старанно вивчали Боже Слово, змінювали своє серце відповідно до Слова, і продовжували зростати духовно. Відповідно до Божого Слова віруючі повинні змінити нестримність на лагідність, а ненависть на любов. Якщо ви мали заздрість або ревнощі у минулому, тепер ви повинні радіти за успіх інших в істині. Якщо ви були гордовитими, тепер ви повинні бути скромними і служити іншим.

Якщо ви шукали власної вигоди у минулому, тепер ви повинні жертвувати собою навіть до смерті. Для людей, які робили вам зло, ви не повинні чинити зло, але зворушувати їхні серця добротою.

Не згашайте Духа

Навіть після того, як ви прийняли Господа і були віруючою людиною протягом кілько́х років, якщо ви досі живете у неправді як тоді, коли ви були невіруючою людиною, Святий Дух, який живе в вас, дуже сильно стогнатиме. Якщо ми легко можемо роздратуватися, коли ми страждаємо без причини, або якщо ми осуджуємо чи звинувачуємо своїх братів у Христі і викриваємо їхні провини, ми не зможемо підняти голову перед Господом, Який помер за наші гріхи.

Припустимо, ви отримали у церкві звання старшого або диякона, але ви не маєте миру з іншими або завдаєте труднощів іншим, або змушуєте їх спотикатися через ваше самовдоволення. Тоді Святий Дух, Який живе в вас, дуже сильно сумуватиме. Оскільки ми прийняли Господа і народилися знову, ми повинні намагатися позбутися зла і гріха і щодня зміцнювати свою віру.

Навіть після прийняття Господа, якщо ви досі живете у гріхах миру і чините гріхи, які ведуть до смерті, Святий Дух, який в вас, зрештою залишить вас, і ваше ім'я буде витерте з Книги Життя. У Книзі Вихід 32:33 написано: «І промовив ГОСПОДЬ до Мойсея: Хто згрішив Мені, того витру із книги Своєї».

У Книзі Об'явлення 3:5 написано: «Переможець зодягнеться в білу одежу, а ймення його Я не змию із книги життя, і ймення його визнаю перед Отцем Своїм і перед Його Анголами». Ці вірші говорять нам про те, що навіть якщо ми отримали Святого Духа і наші імена записані у Книзі Життя, вони так само можуть бути витерті.

Також у 1 Посланні до солунян 5:19 написано: «Духа не вгашайте!» Як написано, незважаючи на те, що ви отримали спасіння і отримали Святого Духа, якщо ви не живете в істині, Святий Дух буде вгашатися.

Святий Дух живе у серці кожної віруючої людини і скеровує її, щоб вона не втратила спасіння, постійно інформуючи її про правду і спонукаючи її жити відповідно до волі Бога. Навчаючи нас про гріх і правду, Він дає нам можливість дізнатися про те, що Бог – Творець, Ісус Христос – наш Спаситель, що існують небеса і пекло і що буде суд.

Святий Дух заступається за нас перед Богом-Отцем, як написано у Посланні до римлян 8:26: «Так само ж і Дух допомагає нам у наших немочах; бо ми не знаємо, про що маємо молитись, як належить, але Сам Дух заступається за нас невимовними зідханнями». Він плаче, коли діти Божі грішать, і допомагає їм покаятися і відвернутися від своїх шляхів.

І Він виливає на них натхнення і повноту Святого Духу і дає їм різноманітні дари, так що вони можуть позбутися будь-яких гріхів і відчути справи Бога. Ми, діти Бога, повинні просити про ці справи Святого Духа і прагнути більшої глибини.

Бог-Отець, Керівник зрощення людства

Бог-Отець – Керівник великого плану зрощення людства. Він – Творець, Правитель і Суддя в останній день. Бог-Син, Ісус Христос, відкрив шлях для спасіння людей, які були грішниками. Зрештою, Бог-Святий Дух направляє тих, хто отримав спасіння щоб мати істинну віру і досягти повного спасіння. Інакше кажучи, Святий Дух завершує спасіння, яке отримала кожна віруюча людина. Кожне служіння Трьох Особистостей Бога діє як єдина сила у виконанні плану зрощення людства, щоб вони стали істинними дітьми.

Однак кожен із Їхніх служителів чітко відрізняється в залежності від призначення, однак Три Особистості працюють узгоджено у той же час. Коли Ісус прийшов на землю, Він повністю виконував волю Отця, не відстоюючи свою волю. Святий Дух був з Ісусом, допомагав Йому у Його служінні від моменту зачаття у Діві Марії. Коли Ісуса повісили на хрест, коли Він страждав від болю, Отець і Святий Дух відчував те саме, відчував біль у той же час.

Так само, коли Святий Дух стогне і заступається за душі, Господь і Отець відчувають такий саме біль і так само плачуть. Три Особистості Бога-Трійці робили все, маючи таке саме серце і волю у кожну мить, і відчувати такі саме емоції відповідно у служінні кожної Особи. Одним словом, Три Особистості завершили все Втрьох як Одне ціле.

Триєдиний Бог виконує план спасіння

Три Особистості Бога виконують план зрощення людства як Троє в Одному. У 1 Посланні Івана 5:8 написано: «Дух, і вода, і кров, і троє в одно». Тут вода символізує служіння Бога-Отця, Який є Слово. Кров означає служіння Господа, який пролив кров на хресті. Бог-Трійця здійснює служіння як Дух, Вода і Кров, які перебувають у згоді між собою, щоб свідчити, що віруючі діти отримали спасіння.

Отже, ми повинні чітко розуміти кожне служіння Бога-Трійці і не повинні схилятися лише до однієї Особистості Трійці. Лише коли ми приймаємо і віримо у Три Особистості Бога-Трійці, ми отримаємо спасіння, маючи віру в Бога, і ми зможемо сказати, що знаємо Бога. Коли ми молимося, ми молимося в ім'я Ісуса Христа, але саме Бог-Отець відповідає нам, а Святий Дух допомагає нам отримати відповіді.

В Євангелії від Матвія 28:19 Ісус також сказав: «Тож ідіть, і навчіть всі народи, христячи їх в Ім'я Отця, і Сина, і Святого Духа», і апостол Павло благословив віруючих в ім'я Трійці у 2 Посланні до коринтян 13:13: «Благодать Господа нашого Ісуса Христа, і любов Бога й Отця, і причастя Святого Духа нехай буде зо всіма вами!» Тому у неділю під час ранкового богослужіння здійснюється молитва про те, щоби Божі діти отримали благодать Спасителя і Господа Ісуса Христа, любов Бога-Отця і надихання і повноту Святого Духа.

Заперечення Триєдиного Бога і справ Святого Духа

Є люди, які не приймають Трійцю. Серед них – свідки Єгови. Вони не визнають божество Ісуса Христа. Вони також не визнають індивідуальну особистість Святого Духа і тому їх вважають єретиками.

В Біблії говориться про те, що люди, які зрікаються Ісуса Христа, стягнуть на себе самі скору погибель і є єретиками (2 Послання Петра 2:1). Схоже, що вони практикують християнство зовні, але не виконують Божу волю. Вони не мають нічого спільного із спасінням, і ми, віруючі, не повинні вводитись в оману.

На відміну від тих єретиків, деякі церкви заперечують справи Святого Духа, хоча говорять, що сповідують віру Трійці. В Біблії описані різноманітні дари Святого Духа: говоріння чужою мовою, пророцтво, божественне зцілення, одкровення і видіння. Є церкви, які засуджують ці справи Святого Духа, як щось неправильне, або намагаються перешкоджати справам Святого Духа, хоча вони говорять, що вірять в Бога.

Вони часто засуджують церкви, які показують дари Святого Духа, називаючи їх єрессю. Це безпосередньо кривдить волю Бога, і вони чинять непробачний гріх богозневаги, ганьбу або протидію Святому Духу. Коли вони чинять ці гріхи, дух покаяння не сходить на них, і вони не можуть навіть покаятися.

І якщо вони ображають або засуджують Божого слугу або церкву, сповнену справами Святого Духа, це те саме, що засуджувати Бога-Трійцю і діяти як вороги, чинячи опір Богові. Діти Божі, які спаслися і отримали Святого Духа, не повинні уникати справ Святого Духа, але навпаки, повинні жадати тих справ. Особливо служителі повинні не лише відчувати справи Святого Духа, але також чинити ті справи Святого Духа, так щоби їхня паства могла жити багато завдяки тим справам.

У 1 Посланні до коринтян 4:20 написано: «Бо Царство

Боже не в слові, а в силі». Якщо служителі навчають свою паству, передаючи лише знання або навчаючи дотримуватись норм і правил, це означає, що вони сліпі, які ведуть сліпих. Служителі повинні вчити свою паству істині і давати можливість відчувати доказ існування живого Бога, виконуючи справи Святого Духа.

Наш час називається «Ерою Святого Духа». Під керівництвом Святого Духа ми отримуємо рясні благословення і благодать Бога-Трійці, Який зрощує людей.

В Євангелії від Івана 14:16-17 написано: «І вблагаю Отця Я, і Втішителя іншого дасть вам, щоб із вами повік перебував, Духа правди, що Його світ прийняти не може, бо не бачить Його та не знає Його. Його знаєте ви, бо при вас перебуває, і в вас буде Він».

Після того, як Господь виконав служіння спасіння людства, воскрес і вознісся на небо, Святий Дух став наступником Господа у служінні зрощення людства. Святий Дух з кожним віруючим, хто приймає Господа і веде цих віруючих до істини, і живе у серці кожної віруючої людини.

Крім того, у наш час, коли гріхи поширюються і темрява вкриває світ, Бог являє Себе тим, хто щиро шукає Його і дає їм полум'яні справи Святого Духа. Сподіваюся, ви станете справжніми дітьми Бога у справах Отця, Сина і Святого Духа, так що ви отримаєте все, про що просите у молитві, і досягнете повного спасіння.

Що відбулося, коли брама другого неба відкрилася у перше небо.

Перше небо – фізичний простір, в якому ми живемо.
На другому небі – простір світла, Едем, і простір темряви.
На третьому небі -- Небесне Царство, де ми житимемо вічно.
Четверте небо – це простір відвічного Бога, який належить виключно Богові-Трійці.
Ці «небеса» чітко розділені, але всі простори «суміжні» один до одного.
Коли необхідно, брама другого неба відкривається у простір першого неба, де ми живемо зараз.
Інколи простір третього неба або четвертого неба також може відкритися.
Ми можемо знайти багато подій, коли події другого неба відбувалися на першому небі.
Коли брама другого неба відкривається і предмети еденського раю виходять у простір першого неба, люди, які живуть у першому небі, можуть торкатися і бачити ті предмети.

Суд вогнем над Содомом і Гоморрою

У Книзі Буття 19:24 написано: «І ГОСПОДЬ послав на Содом та Гоморру дощ із сірки й огню, від ГОСПОДА з неба». Ту слова «від ГОСПОДА з неба» означають, що Бог відкрив браму простору другого неба і послав звідти смородну сірку і вогонь.

Те саме відбулося біля гори Карміл, коли Ілля протистояв 850 жерцям поганських богів, покликавши відповідь у вигляді вогню. У 1 Книзі Царів 18:37-38 написано: «Вислухай мене, ГОСПОДИ, вислухай мене, і нехай пізнає цей народ, що Ти ГОСПОДЬ, Бог, і Ти обернеш їхнє серце назад! І спав ГОСПОДНІЙ огонь, та й пожер цілопалення, і дрова, і каміння, і порох, і вилизав воду, що в рові...» Вогонь другого неба дійсно може спалити предмети на першому небі.

Зоря, яка вела трьох волхвів

В Євангелії від Матвія 2:9 написано: «Вони ж царя вислухали й відійшли. І ось зоря, що на сході вони її бачили, ішла перед ними, аж прийшла й стала зверху, де Дитятко було». Зоря другого неба з'явилася і продовжувала рухатися і на якийсь час зупинялася. Коли волхви пройшли певний шлях, зоря зупинилася.

Якщо ця зоря – зоря першого неба, вона б не мала такий величезний вплив на всесвіт, тому що всі зорі на першому небі рухаються певним шляхом, маючи свій чіткий напрямок руху. Ми можемо зрозуміти, що зоря, яка направляла трьох волхвів, була не такою, які існують на першому небі.

Бог рухав зорю на другому небі, так що це ніяк не вплинуло на всесвіт першого неба. Бог відкрив простір другого неба, щоб волхви могли побачити зорю.

Манна, яку дав Бог синам Ізраїлевим

У Книзі Вихід 16:4 написано: «І промовив ГОСПОДЬ до Мойсея: Ось Я спускатиму вам дощем хліб із неба, а народ виходитиме й щоденно збиратиме, скільки треба на день, щоб випробувати його, чи буде він ходити в Моєму Законі, чи ні».

Як написано, Він «спустив дощем хліб із неба», Бог дав манну синам Ізраїлевим, коли вони блукали у пустелі протягом 40 років. Манна була схожою на зерно коріандру, а за виглядом була схожою на паморозь на землі. На смак вона була наче тісто в меду. Як описано в Біблії, є багато записів про події, які відбувалися, коли брама простору другого неба відкривалася у перше небо.

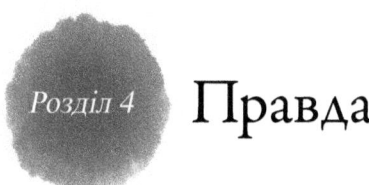

Розділ 4 Правда

> «Ми можемо вирішити будь-яку проблему
> і викликати благословення і відповіді на молитви,
> якщо вірно розуміємо правду Божу
> і діємо відповідно до неї».

Божа правда

Бог неухильно дотримується Своєї правди

Діяти за правилами Божої правди

Дві сторони правди

Вищі виміри правди

Віра і покора – основні принципи правди

«Він випровадить, немов світло, твою справедливість, а правду твою немов південь».

(Псалом 36:6)

Існують питання, які люди не можуть вирішити жодним способом. Але проблеми можуть відступити миттєво, якщо Бог обійме їх Своїм серцем.

Наприклад, деякі задачі з математики середньої школи, які учні вважають важкими, легко можуть вирішити студенти коледжу. Так само для Бога немає нічого неможливого, тому що Він – Правитель всіх небес.

Щоб відчути силу всемогутнього Бога, ми повинні знати способи, щоб отримати відповіді від Бога і застосовувати їх на практиці. Ми можемо вирішити будь-яку проблему і отримати відповіді і благословення, коли ми правильно розуміємо правду Бога і діємо відповідно до неї.

Божа правда

Правда – це правила, які встановив Бог, коли ці правила точно виконуються. Простіше кажучи, це схоже на правило «причини і наслідку». Існують правила, які змушують певні причини завершуватися певними наслідками.

Навіть невіруючі говорять, що ми збираємо те, що посіяли. Корейське прислів'я говорить: «Ти збираєш квасолю там, де посіяв квасолю, і ти збираєш червону квасолю там, де посіяв червону квасолю». Оскільки існують подібні правила, правила правди набагато суворіші відповідно до істини Бога.

В Біблії написано: «Просіть і буде вам дано, шукайте і знайдете, стукайте і відчинять вам» (Євангеліє від Матвія

7:7). «Не обманюйтеся, Бог осміяний бути не може. Бо що тільки людина посіє, те саме й пожне!» (Послання до галатів 6:7). «А до цього кажу: Хто скупо сіє, той скупо й жатиме, а хто сіє щедро, той щедро й жатиме!» (2 Послання до коринтян 9:6). Це лише кілька прикладів правил правди.

Також існують правила щодо наслідків гріха. У Посланні до римлян 6:23 написано: «Бо заплата за гріх смерть, а дар Божий вічне життя в Христі Ісусі, Господі нашім!» У Книзі Приповістей 16:18 написано: «Перед загибіллю гордість буває, а перед упадком бундючність». У Посланні Якова 1:15 написано: «Пожадливість потому, зачавши, народжує гріх, а зроблений гріх народжує смерть».

Окрім цих правил також є правила, які невіруючі не розуміють. Наприклад, в Євангелії від Матвія 23:11 написано: «Хто між вами найбільший, хай слугою вам буде!» В Євангелії від Матвія 10:39 написано: «Хто душу свою зберігає, той погубить її, хто ж за Мене погубить душу свою, той знайде її». У другій половині вірша Книги Дії 20:35 написано: «Блаженніше давати, ніж брати!» Не кажучи вже про нерозуміння, невіруючі навіть думають, що ці правила неправильні.

Але Боже Слово ніколи не помиляється і не змінюється. Істина у тому, що світ говорить про зміни з плином часу, але слова Бога, записані в Біблії, а саме, правила правди, виконуються як написано.

Отже якщо ми можемо правильно розуміти правду Бога, ми можемо дізнатися про причини якоїсь проблеми і вирішити її. Так само ми також можемо отримати відповіді для виконання бажань свого серця. В Біблії пояснюються причини, чому ми хворіємо, чому страждаємо від фінансової скрути, чому немає миру у нашій сім'ї, або чому ми втрачаємо благодать Бога і спотикаємося.

Якщо ми розуміємо правила правди, записані в Біблії, ми можемо отримати благословення і відповіді на свої молитви. Бог вірно виконує всі правила, які Сам встановив, а отже, якщо ми просто діємо відповідно до них, ми точно отримаємо благословення і відповіді на проблеми.

Бог неухильно дотримується Своєї правди

Бог-Творець і Правитель всього, однак Він ніколи не порушує правила правди. Він ніколи не говорить: «Я встановив ці правила, але Я не повинен дотримуватись їх». Він діє в усьому точно відповідно до правди, без жодної помилки.

Це було зроблено для того, щоби викупити нас від гріхів точно відповідно до правил правди, які Син Божий, Ісус, приніс на цю землю і помер на хресті.

Дехто може сказати: «Чому Бог не може просто знищити диявола і спасти всіх?» Але Він ніколи не зробить цього. Він встановив правила правди, адже Він створював план зрощення людства на початку, і дотримується їх. Тому Він приніс таку велику жертву: віддав Свого єдиного Сина, щоби Він відкрив для нас шлях спасіння.

Отже ми не можемо отримати спасіння і потрапити на небеса, лише промовивши: «Я вірю!» своїми вустами і ходячи до церкви. Ми повинні перебувати у межах спасіння, встановлених Богом. Щоб отримати спасіння, ми повинні повірити в Ісуса Христа як у свого особистого Спасителя і коритися Божому Слову, живучи відповідно до правил правди.

Окрім цього питання спасіння, існує багато місць у Біблії, які пояснюють нам правду Бога, Який виконує все точно відповідно до закону духовного царства. Якщо ми розуміємо цю правду, нам буде легше вирішувати проблеми зі своїми гріхами. Нам також буде краще отримувати благословення і відповіді на молитви. Наприклад, що ви повинні робити, якщо бажаєте отримати відповідь на бажання свого серця?

У Псалмі 36:4 написано: «Хай ГОСПОДЬ буде розкіш твоя, і Він сповнить тобі твого серця бажання!» Щоб мати можливість дійсно насолоджуватися у Бозі, спершу ви повинні догоджати Богові. В Біблії ми можемо знайти багато способів, щоб задовольнити Бога.

У першій половині вірша Послання до євреїв 11:6 написано: «Догодити ж без віри не можна». Ми можемо догодити Богові в залежності від того, наскільки ми віримо Божому Слову, наскільки ми позбулися гріхів і освятилися. Також ми можемо догодити Богові своїми зусиллями і підношеннями, як цар Соломон, який приніс тисячу жертв. Ми також можемо виконувати добровільну роботу для Божого Царства. Також існує багато інших способів.

Отже ми повинні розуміти, що читати Біблію і слухати проповіді – це один із способів дізнатися правила правди. Якщо ми виконуємо ці правила і догоджаємо Богові, ми можемо отримати відповіді на бажання свого серця і прославити Бога.

Діяти за правилами Божої правди

Відколи я прийняв Господа і зрозумів правду Божу, я отримав величезне задоволення жити у вірі. Оскільки я діяв відповідно до правил правди, я отримав любов Бога і фінансові благословення.

Також Бог говорить, що Він захистить нас від хвороб і нещасть якщо ми житимемо у Божому Слові. І оскільки я разом з членами своєї родини жив лише у вірі, всі члени моєї родини були такими здоровими, що ми ніколи не були у лікарні і не приймали ліків відколи я прийняв Господа.

Оскільки я повірив у правду Божу, дозволивши нам збирати те, що ми посіяли, мені подобалося віддавати Богові хоча я жив бідно. Дехто говорить: «Я такий бідний, що мені нічого віддати Богові». Але я віддавав старанніше, тому що був бідний.

У 2 Посланні до коринтян 9:7 написано: «Нехай кожен дає, як серце йому призволяє, не в смутку й не з примусу, бо Бог любить того, хто з радістю дає!» Як я вже сказав, я ніколи не приходив до Бога з пустими руками.

Мені завжди подобалося віддавати Богові з подякою, незважаючи на те, що у мене було мало, і скоро я отримав фінансові благословення. Я віддавав з радістю тому що знав, що Бог дасть мені стільки, що благословення переливатимуться через край, і навіть у 30, 60 або 100 разів більше, коли я віддавав для Божого Царства з вірою.

В результаті я повернув величезний борг, який накопичив за час хвороби, коли був прикутий до ліжка протягом семи років, і досі я отримую такі благословення, що не відчуваю нестачу ні в чому.

Також оскільки я знав закон правди Бога, що Він дає Свою силу тим, хто вільний від зла і освятився, я продовжив позбуватися зла завдяки палким молитвам і посту, і зрештою отримав Божу силу.

Сьогодні являється дивовижна сила Бога, тому що я отримав вимір любові і правди, яку Бог вимагав від мене, коли я пройшов крізь багато випробувань і труднощів з терпінням. Бог не лише дав мені Свою силу безумовно. Він дав її мені, чітко дотримуючись правил правди. Тому ворог, диявол і сатана, не може противитися цьому.

Крім того, я вірив і застосовував на практиці всі слова, записані в Біблії, і відчував всі дивовижні справи і благословення, про які також написано в Біблії.

І такі справи відбувалися не лише зі мною. Якщо хтось розуміє принципи правди Бога, записані в Біблії, і діє відповідно до них, той може отримати такі саме благословення, які отримав я.

Дві сторони правди

Звичайно люди думають, що правда – це щось страшне, що супроводжується покаранням. Звичайно, відповідно до правди гріхи і зло будуть супроводжувати страшні покарання, але і навпаки, це може стати ключовим принципом для отримання нами благословень.

Правда схожа на дві сторони монети. Для тих, хто живе у темряві, це щось страшне, а для тих, хто живе у Світлі, це щось дуже хороше. Якщо грабіжник візьме у руки кухонний ніж, він може стати знаряддям вбивства, але у руках мами ніж відіграє роль інструменту для приготування їжі, він допомагає їй створювати смачні страви для родини.

Отже, в залежності від того, для якої особи застосовується Божа правда, це може бути дуже страшно або дуже радісно. Якщо ми розуміємо дві сторони правди, ми також можемо зрозуміти, що правда виконується з любов'ю, і любов Бога також завершується правдою. Любов без правди – це не справжня любов, а правда без любові також не може бути істинною правдою.

Наприклад, що буде, якщо ви караєте своїх дітей щоразу, коли вони зробили щось погане? Або, що буде, якщо ви ніколи не будете карати своїх дітей? В обох випадках ви змусите своїх дітей збитися з пуття.

Відповідно до правди інколи вам необхідно суворо карати своїх дітей за провини, але ви не можете постійно показувати їм «правду». Інколи вам необхідно давати їм ще один шанс, і якщо вони дійсно відійдуть з вірного шляху, ви повинні показати прощення і милість у своїй любові. Але знову ж таки, ви не можете постійно являти милість і любов. Ви повинні скеровувати своїх дітей на правильний шлях через покарання, якщо це необхідно.

В Євангелії від Матвія 18:22 Бог говорить нам про безмежне прощення: «Не кажу тобі до семи раз, але аж до семидесяти раз по семи!»

Однак у той же час Бог говорить, що істинна любов інколи супроводжується покаранням. У посланні до євреїв 12:6 написано: «Бо Господь, кого любить, того Він карає, і б'є кожного сина, якого приймає!» Якщо ми розуміємо зв'язок між любов'ю і правдою, ми також зрозуміємо, що правда буває досконалою у поєднанні з любов'ю. І якщо розглядати правду далі, ми зрозуміємо, що правда містить у собі глибоку любов.

Вищі виміри правди

Правда також має різні виміри на різних небесах. А саме, якщо підніматися по рівнях небес, від першого до другого, третього, четвертого, виміри правди також стають ширшими і глибшими. Різні небеса дотримуються свого порядку відповідно до правди кожного неба.

Причиною різного виміру правди на кожному небі є те, що вимір любові на кожному небі різний. Любов і правду розділити неможливо. Чим глибшим є вимір любові, тим глибшим буде вимір правди.

Коли ми читаємо Біблію, може здатися, що правда у Старому Заповіті і у Новому Заповіті різна. Наприклад, у Старому Заповіті написано: «Око за око», це є принцип помсти, але у Новому Заповіті написано: «Любіть своїх ворогів». Принцип помсти було замінено на принцип прощення і любові. Тож чи означає це, що воля Бога змінилася?

Ні. Бог – це дух, Він вічно незмінний, тому серце і воля Бога, які містяться у Старому і Новому Заповітах, однакові. Це залежить від того, наскільки люди досягли любові, така саме правда буде вжита у іншому вимірі. До того, як Ісус прийшов на цю землю і виконав Закон з любов'ю, рівень любові, яку могли зрозуміти люди, був дуже низьким.

Якби їм сказали любити навіть своїх ворогів, що є дуже високим рівнем правди, вони б не змогли цього зробити. Для цього у Старому Заповіті діяв нижчий рівень закону правди, де для встановлення порядку було написано: «Око за око».

Однак, після того, як Ісус виконав Закон з любов'ю, прийшовши на цю землю і віддавши Своє життя за грішників, рівень правди, який вимагає від нас Бог, був піднятий.

На прикладі Ісуса ми вже побачили рівень любові, яка походить від нижнього рівня до рівня любові, коли ми повинні любити навіть своїх ворогів. Отже принцип помсти «око за око» більше не застосовується. Тепер Бог вимагає від нас вимір правди, де застосовуються правила прощення і милості. Звичайно, те, чого дійсно бажав Бог, навіть в епоху Старого Заповіту, -- це прощення і милість, але люди у той час дійсно не могли зрозуміти цього.

Як говорилося раніше, так само, як існують відмінності у вимірах любові і правди у Старому Заповіті і Новому Заповіті, вимір правди відрізняється в залежності від виміру любові на кожному небі.

Наприклад, побачивши жінку, схоплену на перелюбі, люди, які діяли відповідно до нижнього рівня правди першого неба, сказали, що її необхідно негайно вкаменувати. Але Ісус, який мав найвищий рівень правди, а саме правду четвертого неба, промовив до неї: «Не засуджую й Я тебе. Іди собі, але більш не гріши!» (Євангеліє від Івана 8:11).

Отже, правда у нашому серці, і кожна людина відчуває

різний вимір правди відповідно до того, наскільки вона наповнила своє серце любов'ю і обробила його духом. Інколи люди, які мають нижчий вимір правди, не розуміють правди людей, які володіють вищим виміром правди.

Це тому що люди тіла ніколи не зможуть повністю зрозуміти, що робить Бог. Лише ті люди, які обробили своє серце любов'ю і зростили духовний розум, можуть точно зрозуміти правду Бога і застосовувати її.

Але застосування вищого виміру правди не означає, що це анулює або порушить правду, яка знаходиться у нижчому вимірі. Ісус має правду четвертого неба, але Він ніколи не нехтував правдою цієї землі. Інакше кажучи, Він явив правду третього неба, або ще вищу правду, на цій землі у межах принципів правди, які існують на цій землі.

Більше того, ми не можемо порушити правду, яка застосовується на першому небі, коли ми живемо на першому небі. Звичайно, оскільки вимір нашої любові глибшає, ширина і глибина правди також збільшуються, але основна структура залишається незмінною. Отже ми повинні правильно розуміти принципи правди.

Віра і покора – основні принципи правди

Отже, якими є основні принципи і структура правди, які ми повинні розуміти і виконувати, щоб отримати відповіді на свої молитви? Існує багато речей, у тому числі, наприклад, милосердя і лагідність. Але двома основними принципами є віра і покора. Це правило правди, згідно якому ми отримуємо відповідь, якщо віримо Божому Слову і виконуємо його.

У сотника, про якого написано у 8 главі Євангелія від Матвія, був хворий слуга. Він був сотником правлячої Римської Імперії, але він був достатньо скромний, щоб прийти до Ісуса. Також він мав добре серце і міг особисто звернутися до Ісуса з проханням про свого хворого слугу.

Головною причиною того, що він міг отримати відповідь, була його віра. Перед тим, як чоловік вирішив звернутися до Ісуса, він напевно багато чув про Нього від оточуючих. Він напевно чув звістки про те, що сліпі прозрівали, німі починали говорити, про те, що велику кількість людей вздоровив Ісус.

Почувши такі новини, сотник довірився Ісусу і набув такої віри, що міг отримати відповідь на прохання щодо вздоровлення свого слуги, коли звернувся до Нього.

Коли сотник насправді зустрівся з Ісусом, він визнав свою віру, промовивши: «Недостойний я, Господи, щоб зайшов Ти під стріху мою... Та промов тільки слово, і видужає мій слуга!» (Євангеліє від Матвія 8:8). Він промовив такі слова, тому що повністю довірився Ісусу, почувши новини про Нього.

Для того, щоб ми мали таку віру, нам спершу потрібно покаятися у тому, що ми не корилися Божому Слову. Якщо ми розчарували Бога у чомусь, якщо ми не стримали обіцянки, даної Богові, якщо ми не святили день Господній, якщо не давали належно десятини, тоді нам треба покаятися у цьому.

Ми також повинні покаятися у тому, що любимо світ, що не маємо миру з людьми, діємо зі злом, нестримані, роздратовані, не віримо у свої сили, ображаємось, заздримо, ревнуємо, варимося і говоримо неправду. Коли ми зруйнуємо ці стіни гріха і отримаємо молитву могутнього Божого слуги, ми зможемо отримати віру для отримання відповідей і дійсно можемо отримати відповідь відповідно до своєї віри за принципами правди.

Окрім цього ми повинні коритися і виконувати також інші правила, щоби отримати відповіді: відвідувати богослужіння, невпинно молитися і жертвувати Богові. Щоб ми могли повною мірою коритися, ми повинні повністю зректися себе.

А саме, ми повинні позбутися гордості, зухвальства, самовдоволення, відстоювання своїх прав, всіх своїх думок і припущень, хвастливої гордості життя і бажання покладатися на цей світ. Коли ми повністю коримося і зрікаємося себе таким чином, ми можемо отримати відповідь відповідно до закону правди, який записано в Євангелії від Луки 17:33: «Хто дбатиме зберегти свою душу, той погубить її, а коли хто погубить, той оживить її».

Зрозуміти правду Бога і бути покірним означає визнати Бога. Оскільки ми визнаємо Бога, ми можемо виконувати встановлені правила. Віра полягає у визнанні Бога, а істинна віра завжди супроводжується справами покори.

Якщо ви розумієте всі гріхи, споглядаючи на себе за допомогою Божого Слова, ви повинні покаятися і відійти від тих шляхів. Сподіваюся, ви будете довіряти Богові повністю і покладатися на Нього. Таким чином, я сподіваюся, що ви зрозумієте принципи правди Бога крок за кроком і застосовуватимете їх на практиці, щоб отримати відповіді і благословення від Бога, Який дає нам можливість збирати посіяне і Який відплачує нам відповідно до наших справ.

Принцеса Джейн Мпологома (Лондон, Сполучене

Через півсвіту навколо земної кулі

Я живу у Бірмінгемі. Це дуже гарне місце. Я – донька першого президента королівства Буганда. В Об'єднаному Королівстві я вийшла заміж за лагідного і доброго чоловіка і у нас народилося три доньки.

Багато людей бажають жити таким повним життям, але я не була дуже щасливою. Я завжди мала спрагу у душі, яку не могла втамувати нічим. Протягом довгого часу у мене було шлунково-кишкове захворювання, яке завдавало мені багато болю. Я не могла нормально їсти і спати.

Я також мучилася від різних хвороб, у тому числі від високого рівня холестерину, розладу серцевої діяльності і низького кров'яного тиску. Лікарі попередили, що у мене може статися серцевий напад або інсульт.

Але у серпні 2005 року стався поворотний момент у моєму житті. Я випадково зустрілася з помічником пастора Центральної

З чоловіком Девідом

Церкви Манмін, який завітав у Лондон. Я отримала книжки і аудіо-проповіді від нього, і вони глибоко вразили мене.

Вони були засновані на Біблії, але я раніше ніде не чула таких глибоких і надихаючих проповідей. Моя спрага була втамована, мої духовні очі відкрилися, щоб зрозуміти Слово.

Зрештою я відвідала Південну Корею. У момент, коли я увійшла у Центральну Церкву Манмін, все моє тіло обкутав мир. Я отримала проповідь від преподобного Джерок Лі. Лише повернувшись назад у Сполучене Королівство, я зрозуміла любов Бога. Результати ендоскопії, зроблені 21 жовтня, були в нормі. Рівень холестерину був у нормі, кров'яний тиск також був нормальним. То була сила молитви!

Цей досвід дав мені можливість зміцнити свою віру. Я мала патологію серця, тож я написала преподобному Джерок Лі, щоб він помолився про мене. Він помолився про мене 11 листопада у Центральній Церкві Манмін під час одного з нічних богослужінь у п'ятницю. Я отримала його молитву через Інтернет через півсвіту навколо земної кулі.

Він помолився: «В ім'я Ісуса Христа я наказую: патологія серця, зникни. Бог-Отець, зроби її здоровою!»

Я відчула сильну дію Святого Духа у мить, коли отримала молитву. Якби чоловік не тримав мене, я би впала від дії тієї сили. Я опритомніла десь через 30 секунд.

16 листопада мені зробили ангіографію. Мій лікар запропонував зробити це дослідження, тому що у мене було порушення роботи в одній з артерій серця. Це дослідження робили за допомогою маленької камери, закріпленої на маленькій трубці. Результат був дійсно дивовижний.

Лікар сказав: «Я ніколи не бачив такого здорового серця у цій кімнаті протягом багатьох років».

Все моє тіло охопило глибоке хвилювання, тому що я відчула руки Бога, коли почула слова свого лікаря. Відтоді я вирішила жити інакше. Я захотіла благовіствувати підліткам, зневаженим і всім, кому потрібно було Євангеліє.

І Бог здійснив мою мрію. Ми з чоловіком заснували Церкву Манмін у Лондоні як місіонери і проповідуємо живого Бога.

- Уривок з книги «Надзвичайне» -

 # Покора

> «Покора Божому Слову зі словами
> «Так» і «Амінь» --
> це короткий шлях відчути справи Бога».

Повна покора Ісуса

Ісус був покірний правді першого неба

Люди, які відчувають справи Бога внаслідок покори

Покора – доказ віри

Центральна Церква Манмін відіграє провідну роль у світовому євангелізмі у покорі

«І подобою ставши, як людина, Він упокорив Себе, бувши слухняний аж до смерти, і то смерти хресної».

(Послання до филип'ян 2:8)

В Біблії розповідається про багато випадків, коли абсолютно неможливі речі стали можливими завдяки всемогутньому Богу. Відбувалися дива: сонце і місяць зупинилися, море розділилося, а люди перейшли його по суші. Таке не може статися відповідно до правди першого неба, але це можливо відповідно до правди третього або вищого неба.

Щоб ми відчували такі справи Бога, ми повинні задовольнити умови. Існує кілька умов, які необхідно виконувати, наприклад, бути покірною людиною. Коритися Слову всемогутнього Бога, промовляючи «Так» і «Амінь», -- це короткий шлях відчути дію Бога.

У 1 Книзі Самуїловій 15:22 написано: «І сказав Самуїл: Чи жадання ГОСПОДА цілопалень та жертов таке, як послух ГОСПОДНЬОМУ голосу? Таж послух ліпший від жертви, покірливість краща від баранячого лою!»

Повна покора Ісуса

Ісус корився волі Бога до смерті на хресті, щоб спасти людей, які були грішниками. Ми можемо отримати спасіння, маючи таку ж покору Ісуса. Щоб зрозуміти, як ми можемо отримати спасіння вірою в Ісуса, спершу ми повинні розглянути, як люди стали на шлях смерті.

Перед тим, як стати грішником, Адам міг насолоджуватися вічним життям в еденському раю. Але відколи він згрішив, ївши з дерева, з якого заборонив їсти Бог, відповідно до закону духовного царства, який говорить:

«Заплата за гріх -- смерть» (Послання до римлян 6:23), він мав померти і потрапити до пекла.

Але, знаючи ще до початку віків, що Адам не послухається, Бог приготував Ісуса Христа, щоб відкрити шлях спасіння за правдою Божою. Ісус, Слово, яке стало тілом, народився на землі у тілі людини.

Оскільки Бог давав пророцтва щодо Спасителя, Месії, ворог, сатана і диявол, також знав про Спасителя. Диявол завжди шукав можливості вбити Спасителя. Коли троє волхвів сказали, що народився Ісус, диявол підбурив царя Ірода вбити всіх хлопчиків-немовлят віком до двох років.

Також диявол збудив нечестивих людей розіп'яти Ісуса. Диявол думав, що якщо він вб'є Ісуса, Який прийшов на землю, щоб стати Спасителем, він приведе всіх грішників до пекла і вічно зможе управляти ними.

Оскільки Ісус не мав ні першоджерельного гріха, ані вчинених гріхів, Він не міг бути позбавлений життя відповідно до закону правди, де говориться, що заплата за гріх – смерть. Однак диявол відігравав головну роль у страті Ісуса і таким чином порушив закон правди.

В результаті безгрішний Ісус переміг смерть і воскрес. І тепер будь-яка людина, яка вірить в Ісуса Христа, може отримати вічне життя. Спершу, відповідно до закону правди, який говорить, що заплата за гріх – смерть, Адам і його нащадки були приречені йти шляхом смерті, але пізніше шлях спасіння був відкритий через Ісуса Христа. Це «таємниця, прихована, яку Бог перед віками призначив нам на славу», як написано у 1 Посланні до коринтян 2:7.

Ісус ніколи не думав таким чином: «Чому мене мають вбити замість грішників, якщо я не маю жодного гріха?» Він з готовністю прийняв хрест, на якому був розіп'ятий за

Божим планом. Такою була повна і цілковита покора Ісуса, яка відкрила шлях для нашого спасіння.

Ісус був покірний правді першого неба

Протягом всього Свого життя на землі Ісус цілковито корився волі Бога і жив за законом правди першого неба. Хоча Він був Богом за Своєю природою, Він використав людське тіло, відчував голод, втому, біль, смуток і самотність так само, як люди.

Перед початком Свого публічного служіння Ісус постив протягом 40 днів. І хоча Він є господарем усього, Він палко покликував у молитві і молився безперестанку. Його випробовував диявол тричі до кінця 40-денного посту, і Він проганяв диявола за допомогою Божого Слова, не збавившись і не коливаючись.

Також Ісус має силу Бога, тому Він може явити будь-яке диво і дивовижні справи. Однак Він являв ці дива лише коли було необхідно відповідно до плану Бога. Він явив силу Сина Бога, перетворивши воду на вино і нагодувавши 5 000 людей п'ятьма хлібинами і двома рибками.

Якби Він захотів, Він міг би знищити тих, хто висміював і розіп'яв Його. Але Він спокійно прийняв гоніння і зневагу і, маючи покору, прийняв розп'яття. Він відчув всі страждання і біль як людина, Він пролив Свою кров і воду.

У Посланні до євреїв 5:8-9 написано: «І хоч Сином Він був, проте навчився послуху з того, що вистраждав був. А вдосконалившися, Він для всіх, хто слухняний Йому, спричинився для вічного спасіння».

Оскільки Ісус виконав закон правди через цілковиту

покору, будь-яка людина, яка приймає Господа Ісуса і живе у правді, може стати слугою правди і досягти спасіння, не прямуючи шляхом смерті як раби гріха (Послання до римлян 6:16).

Люди, які відчувають справи Бога внаслідок покори

Хоча Він – Син Бога, Ісус виконав план Бога, тому що був повністю покірний. Тоді наскільки більше ми, прості створіння, повинні коритися, щоб відчувати справи Бога? Необхідно мати абсолютну покору.

У 2 главі Євангелія від Івана Ісус зробив диво, перетворивши воду на вино. Коли під час святкового обіду закінчилося вино, Діва Марія наказала слугам зробити все, що скаже їм Ісус. Ісус наказав слугам «наповнити водою посудини, зачерпнути і занести до весільного старости». Коли староста скуштував воду, вода вже перетворилася на гарне вино.

Якби слуги не послухалися Ісуса, який наказав занести воду до весільного старости, вони б не побачили дива перетворення води на вино. Добре знаючи закон покори і правди, Діва Марія попросила слуг слухатися Його.

Також можемо розглянути покору Петра. Петро не піймав жодної риби за ніч. Але коли Ісус наказав: «Попливи на глибінь, і закиньте на полов свій невід». Петро послухався і промовив: «Наставнику, цілу ніч ми працювали, і не вловили нічого, та за словом Твоїм укину невода». Потім вони безліч риби набрали, і їхній невід почав проривратись

(Євангеліє від Луки 5:4-6).

Оскільки Ісус, Який був єдиним з Богом-Творцем, говорив відвічним голосом, велика кількість риби скорилася Його наказу у ту ж мить і увійшла у невід. Але якби Петро не послухався наказу Ісуса, що б сталося? Якби він сказав: «Добродію, я більше за тебе знаю про рибальство. Ми всю ніч намагалися піймати рибу і дуже втомилися. Ми закінчили на сьогодні. Ми вже не будемо виходити на глибину і кидати невід», тоді б дива не сталося.

Вдова у Сарепті, про яку написано у 1 Книзі Царів 17, також відчула справу Бога завдяки своїй покорі. Після довгої засухи в неї закінчилася їжа, залишилася лише жменя борошна і трохи олії. Одного дня Ілля прийшов до неї і попросив їсти: «Бо так сказав ГОСПОДЬ, Бог Ізраїлів: Дзбанок муки не скінчиться, і не забракне в горняті олії аж до дня, як ГОСПОДЬ дасть дощу на поверхню землі» (1 Книга Царів 17:14).

Вдова із сином мали чекати на смерть після того, як з'їли останні продукти. Однак жінка повірила і послухалася Божого Слова, яке промовив до неї Ілля. Тож Бог явив диво покірній жінці, як обіцяв. Дзбанок муки не скінчився і не забракло в горняті олії доки не завершилася посуха. Вдова, її син та Ілля спаслися.

Покора – доказ віри

В Євангелії від Марка 9:23 написано: «Ісус же йому відказав: Щодо того твого коли можеш, то тому, хто вірує, все можливе!»

Це закон правди, який говорить, що якщо ми віримо, ми можемо відчути справи всемогутнього Бога. Якщо ми молимося з вірою, тоді хвороби відступлять, а якщо ми наказуємо з вірою, злі духи вийдуть, а всі труднощі і випробування залишать вас. Якщо ми молимося з вірою, ми можемо отримати фінансові благословення. Все можливе з вірою!

Прояви покори свідчать про нашу віру, допомагаючи нам отримати відповіді відповідно до закону правди. У Посланні Якова 2:22 написано: «Чи ти бачиш, що віра помогла його ділам, і вдосконалилась віра із діл?»

Ілля попросив вдову із Сатепрти принести для нього все, що у неї лишилося поїсти. Якби вона відповіла: «Я вірю, що ти – чоловік Божий, вірю, що Бог благословить мене і у мене ніколи не закінчиться їжа», але не скорилася би, тоді б вона ніколи не побачила Божі справи. Тому що її справи не стали доказом її віри.

Але вдова повірила словам Іллі. Доказом її віри було те, що вона принесла йому всю їжу, яка в неї залишилася, послухавшись тих слів. Такі справи покори свідчили про її віру, і відбулося диво відповідно до закону правди, який говорить, що тому, хто вірить, все можливе.

Щоб отримати видіння і сни від Бога, дуже важливо мати покору і віру. Патріархи Авраам, Яків і Йосип вклали Слово Бога у свій розум і скорилися.

Коли Йосип був молодий, Бог дав йому сон, що він стане шановною людиною. Йосип не лише повірив у сон, але також пам'ятав його весь час і не передумав, доки сон не здійснився. Він дивився на справи Бога у будь-яких обставинах і тримався Його керівництва.

Коли Йосип був рабом і в'язнем протягом 13 років, він не сумнівався у сні, який дав йому Бог, хоча реальність була зовсім протилежною. Він просто йшов у правильному напрямку, слухаючись заповідей Бога. Бог бачив його віру і покору і здійснив його сон. Всі тяжкі випробування завершилися, і у віці 30 років він став другою поважною людиною в Єгипті, наступним за фараоном, царем.

Центральна Церква Манмін відіграє провідну роль у світовому євангелізмі у покорі

Тепер Центральна Церква Манмін має більш ніж десять тисяч філій і товариських церков по всьому світу, вона проповідує Євангеліє в усіх куточках світу через Інтернет, супутникове телебачення та інші засоби масової інформації. Церква явила справи покори відповідно до закону правди від початку свого служіння і дотепер.

З того моменту, коли я зустрів Бога, всі мої хвороби зцілилися. Я мріяв стати справжнім старшим в очах Бога, який прославлятиме Бога і допомагатиме бідним людям. Але одного дня Бог покликав мене як Свого раба, промовивши: «Я обрав тебе Своїм слугою ще до початку віків». І Він сказав, що оскільки я обладнав себе Божим Словом за три роки, я перетну океани, річки і гори, являючи дивовижні ознаки куди б я не пішов.

Насправді, я досі був порівняно молодим віруючим. Я був інтровертом і у мене погано виходило говорити перед аудиторією. Однак, я скорився, не виправдовуючись, і став Божим слугою. Я робив все можливе, щоб ходити у Божому Слові, записаному у 66 книжках Біблії, молився і постив під керівництвом Святого Духу. Я корився так, як наказав мені Бог.

Коли я проводив величезні кампанії за кордоном, я не планував їх і не готувався до них, покладаючись на власний розсуд, але керувався наказом Бога. Я їхав лише туди, куди Він наказував мені їхати. Для того, щоб провести величезні кампанії, необхідно готуватися кілька років, але якщо наказав Бог, ми готувалися до них за кілька місяців.

Хоча у нас не було достатньо грошей, щоб провести величезні за масштабом кампанії, коли ми молилися, Бог завжди задовольняв наші фінансові потреби. Інколи Бог наказував мені їхати у такі країни, де проповідь Євангелія насправді була неможливою.

У 2002 році, поки ми готувалися до проведення кампанії у Ченнаї, Індія, уряд Таміл Наду повідомив про нову постанову про заборону насильницького навертання у віру. У постанові говорилося про те, що жодна людина не повинна навертати у віру або намагатися навернути будь-яку особу з однієї віри в іншу насильницьким способом, обманним шляхом або заманювати. За порушення давався термін ув'язнення до п'яти років і накладався штраф, якщо навернений – «неповнолітня особа, жінка або особа, що належить до касти недоторканих або із племені, зарахованого до списку». Штраф складав 1 лакх, 100 000 рупій, що складає заробітну платню за дві тисячі робочих днів.

Наша кампанія у Марина Біч була націлена не лише на індійських християн, а також на багато індусів, які складають більше 80% всього населення.

Постанова про заборону насильницького навертання у віру мала вступити у дію починаючи з першого дня нашої кампанії. Тож я мав приготуватися до ув'язнення після проповіді Євангелія зі сцени під час кампанії. Деякі люди говорили мені, що поліція Таміл Наду буде особисто наглядати за кампанією і записувати мої проповіді.

У такій загрозливій ситуації індійські служителі і організаційний комітет почувалися напруженими. Але я підбадьорився і скорився Богові, тому що Бог наказав мені. Я не боявся, що мене заарештують і я потраплю у в'язницю, і сміливо проголосив Бога-Творця і Спасителя Ісуса Христа.

Потім Бог здійснив дивовижні справи. Під час проповіді я говорив: «Якщо ви отримали віру у серці, встаньте і йдіть». У той момент один хлопчик піднявся і пішов. До кампанії хлопчик мав операцію на тазовому суглобі, йому поставили металеву пластину, яка з'єднувала дві кістки. Він страждав від сильного болю після операції і не міг зробити жодного кроку без милиць. Але коли я наказав: «Встань і ходи», він у ту ж мить відкинув милиці і пішов.

У той день окрім того дива з підлітком відбулося багато дивовижних справ сили Бога. Сліпі почали бачити, глухі – чути, а німі – говорити. Вони встали зі своїх візочків і відкинули милиці. Новини швидко поширилися містом і ще більше людей зібралося наступного дня.

Всього три мільйони осіб відвідало збори, і, що найдивовижніше, більше 60% присутніх були індусами. Вони мали індуські позначки на чолі. Після того, як вони почули проповідь і побачили могутні справи Бога, вони зняли позначки і вирішили навернутися до християнства.

Кампанія сприяла об'єднанню місцевих християн, і зрештою постанова проти насильницького навертання була скасована. Така чудова робота була виконана внаслідок покори Божому Слову. Тож чому конкретно ми маємо покоритися, щоб відчути такі дивовижні справи Бога?

По-перше, ми повинні коритися 66 книжками Біблії.

Ми повинні коритися Божому Слову не лише тоді, коли Бог Сам являється перед нами і говорить до нас. Ми повинні коритися словам, записаним у 66 книжках Біблії весь час. Ми повинні розуміти волю Бога і коритися їй через Біблію, а потім ми можемо коритися посланням, які проповідуються в церкві. А саме, слова, які наказують нам робити, не робити, дотримуватися або позбутися певних речей, -- це принципи правди Бога, а отже, ми повинні коритися їм.

Наприклад, ви почули, що необхідно покаятися у гріхах зі сльозами. Це закон, який говорить, що ми можемо отримати відповідь від Бога лише після того, як зруйнуємо стіну гріха, що існує між нами і Богом (Книга Пророка Ісаї 59:1-2). Також ви чуєте, що повинні покликувати у молитві. Такий спосіб молитви дає відповіді відповідно до закону, який вимагає, щоб ми їли плід важкої праці, проливаючи свій піт (Євангеліє від Луки 22:44).

Щоб зустріти Бога і отримати Його відповіді, спочатку ми повинні покаятися у гріхах і покликувати у молитві, просячи Бога про необхідне. Якщо хтось зруйнує свою стіну гріха, молиться посилено і являє справи віри, той може зустріти Бога і отримає відповіді. Таким є закон правди.

По-друге, ми повинні вірити і бути покірними словам слуг Божих, з якими перебуває Бог.

Одразу після відкриття церкви на богослужіння на ношах

принесли пацієнта, хворого на рак. Я сказав, щоб він сів, щоб бути присутнім на богослужінні. Його дружина підтримувала його спину, чоловік ледве сидів протягом богослужіння. Хіба я міг знати, що йому дуже важко сидіти, бо він був тяжко хворий і його несли на ношах? Але я дав йому пораду за надиханням Святого Духа, і він скорився.

Побачивши його покору, Бог у ту ж мить дав йому божественне зцілення. А саме, весь його біль минув, і він зміг стояти і ходити самостійно.

Так само, як вдова із Сарепти послухалася слова Іллі, повіривши чоловіку Божому, покора того чоловіка стала шляхом Божої відповіді для нього. Чоловік не міг зцілитися за допомогою власної віри. Але він відчув цілющу силу Божу, тому що послухався Божого слова Божого чоловіка, який явив Божу силу.

По-третє, ми повинні коритися справам Святого Духа.

Щоб отримувати відповіді від Бога, ми повинні відразу слухатися голосу Святого Духа, який ми отримуємо, коли молимося і слухаємо проповіді. Тому що Святий Дух, який живе в нас, веде нас до шляху благословень і відповідає відповідно до закону правди.

Наприклад, під час проповіді якщо Святий Дух спонукає вас більше молитися після богослужіння, ви можете лише скоритися. Якщо ви будете покірні, ви зможете покаятися у гріхах, за які не отримували прощення протягом довгого часу, або отримати дар говоріння іншими мовами за Божою благодаттю. Інколи деякі благословення приходять під час молитов.

Коли я був молодим віруючим, мені доводилося важко

працювати на будівельному майданчику, щоб звести кінці з кінцями. Додому я повертався пішки, щоби зекономити на оплаті за проїзд, і був дуже стомлений. Але коли Святий Дух зворушував моє серце віддати на будівництво церкви або віддати пожертвування подяки, я просто корився.

Я віддавав, не покладаючись на власні думки. Якщо у мене не було грошей, я давав Богові обітницю віддати гроші до певної дати. Я заробляв гроші, докладаючи всіх зусиль, до призначеної дати, і віддавав їх Богові. Я був покірний, тож Бог благословляв мене все більше тим, що Він приготував для мене.

Бог бачить нашу покору і відкриває двері відповідей і благословень. Особисто для мене, Він дав різні відповіді, великі і малі, на всі мої прохання, і не лише фінансову допомогу. Він дав мені все, про що я просив, якщо я просто був покірний Йому з вірою.

У 2 Посланні до коринтян 1:19-20 написано: «Бо Син Божий Ісус Христос, що ми Його вам проповідували, я й Силуан, і Тимофій, не був Так і Ні, але в Нім було Так. Скільки бо Божих обітниць, то в Ньому Так, і в Ньому Амінь, Богові на славу через нас».

Щоб ми відчували справи Бога відповідно до закону правди, ми повинні явити справи віри через свою покору. Так само, як Ісус показав приклад, якщо ми віримо незалежно від обставин або умов, тоді Божі справи розкриються перед нами більше. Сподіваюся, що всі ви будете коритися Божому Слову, промовляючи лише «Так» і «Амінь», і відчуватимете справи Божі у повсякденному житті.

Доктор Пол Равіндран Понрадж (Ченнаї, Індія)
- Старший сімейний лікар, кардіоторакальна хірургія, Саутгемптонська багатопрофільна лікарня, Сполучене Королівство
- Реєстратор кардіоторакальної хірургії, лікарня святого Георга, Лондон, Сполучене Королівство.
- Старший реєстратор кардіоторакальної хірургії, лікарня Гарфілд, Мідлсекс, Сполучене Королівство.
- Кардіоторакальний хірург, лікарня Уілінгтон, Ченнаї

Сила Бога сильніша за медицину

Я користувався хусткою, щоби приносити мазь для багатьох хворих пацієнтів і бачив, як вони одужують. Я завжди тримаю хустку у кишені сорочки, коли роблю операції в операційній. Я хочу пригадати диво, яке сталося у 2005 році.

Молодий чоловік віком 42 роки, будівельний підрядчик за професією з одного з міст у штаті Таміл Наду звернувся до мене з приводу захворювання коронарної артерії, йому була необхідна операція з аорто-коронарного шунтування. Я підготував чоловіка до операції, і вона почалася. Це була звичайна операція з вживлення обхідного судинного шунту на працюючому серці (без зупинки його роботи). Операція завершилася через дві з половиною години.

Коли грудну клітку закрили, пацієнт став нестабільний, його електрокардіограма стала ненормальною, кров'яний тиск упав. Я знову відкрив його грудну клітку і побачив, що обхідні судинні шунти стояли бездоганно. Пацієнта відвезли до лабораторії, щоби поставити катетер і зробити ангіограму. Виявилося, що всі кровоносні судини чоловіка у серці а також великі кровоносні судини у нозі були спазмовані і по них не йшла кров. Навіть досі ми не можемо встановити причину цього явища.

Не було жодної надії врятувати пацієнта. Його знову взяли в операційну, зробили зовнішній масаж серця, знову відкрили грудну клітку і протягом 20 хвилин робили прямий масаж серця. Пацієнта підключили до апарату штучної вентиляції легенів. Пацієнту ввели велику кількість ліків для розширення судин, щоби зменшити спазм, але нічого не подіяло. Середні показники кров'яного тиску чоловіка при використанні штучного кровообігу були 25 на 30 мм ртутного стовпчика більше 7 годин, і я знав, що при такому тиску мозок для своєї роботи не забезпечується у повній мірі кров'ю і киснем.

В кінці 18 годинної боротьби і 7 годин використання штучного кровообігу без жодних позитивних результатів ми вирішили закрити грудну клітку і визнати смерть пацієнта. Я став на коліна і почав молитися. Я сказав: «Боже, якщо Ти хочеш цього, нехай буде так». Я почав операцію з молитви і весь час у кишені

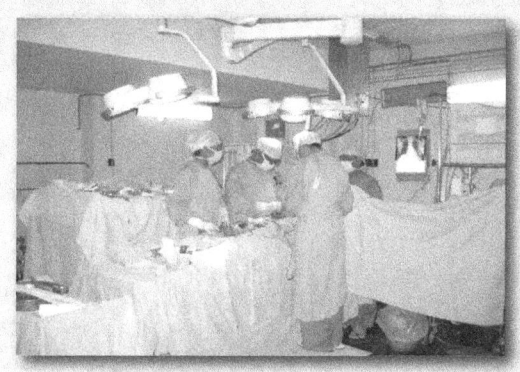

Лікар Пол Понрадж під час операції (у центрі)

мав помазану хустку, яку дав мені доктор Джерок Лі, а також згадував, що було написано у Книзі Дії 19:12. Я встав після молитви і увійшов в операційну. Грудна клітка пацієнта була закрита. Лікарі були готові визнати пацієнта мертвим.

Але відбулася раптова зміна, і пацієнт став абсолютно нормальним. Електрокардіограма стала абсолютно нормальною. Вся бригада була вражена, а один член бригади, який не вірив в Бога, сказав, що Бог, в якого ти вірив, вшанував тебе. Так, це правда, коли ти ходиш у вірі, ти перебуваєш всередині дива і на краю нещастя. Цей молодий чоловік вийшов з лікарні, не маючи жодного неврологічного розладу, окрім невеликого набрякання на правій нозі. Він свідчив на молитовній групі, що збирається робити Божу роботу, оскільки отримав друге життя.

- Уривок з книжки «Надзвичайне» -

Розділ 6. Віра

> «Якщо ми маємо повну упевненість у вірі, ми можемо викликати силу Бога навіть перед лицем очевидно неможливих ситуацій».

Щире серце і повнота віри

Зв'язок між вірою і щирістю

Просіть, маючи повноту віри

Авраам мав щире серце і повноту віри

Щоб зростити щире серце і повноту віри

Випробування віри

Кампанія у Пакистані

«...то приступімо з щирим серцем, у повноті віри, окропивши серця від сумління лукавого та обмивши тіла чистою водою!»

―――――――――――

(Послання до євреїв 10:22)

Люди отримують відповіді від Бога у різній мірі. Деякі люди отримують відповідь, лише помолившись один раз, або просто побажавши у своєму серці, а інші повинні присвятити багато днів посту і молитві. Деякі люди чинять ознаки управління темрявою і зцілення хворих через молитву віри (Євангеліє від Марка 16:17-18). І навпаки, інші люди говорять, що моляться з вірою, але жодних ознак або див не відбувається за допомогою їхніх молитов.

Якщо хтось страждає від хвороби, хоча вірить в Бога і молиться, йому необхідно роздумувати над своєю вірою. Слова, записані в Біблії, є істиною, яка ніколи не змінюється у вічності, отже, якщо людина має віру, яку визнає Бог, вона може отримати все, про що просить. Ісус обіцяє нам в Євангелії від Матвія 21:22: «І все, чого ви в молитві попросите з вірою, то одержите». Тож у чому причина, що люди отримують відповідь від Бога у різній мірі?

Щире серце і повнота віри

У Посланні до євреїв 10:22 написано: «"...то приступімо з щирим серцем, у повноті віри, окропивши серця від сумління лукавого та обмивши тіла чистою водою!» Тут щире серце означає істинне серце без будь-якої фальші. Це серце, яке схоже на серце Ісуса Христа.

Простіше кажучи, повнота віри – це бездоганна віра. Це означає вірити усім словам, записаним у 66 книжках Біблії, не сумніваючись, і визнавати всі Божі заповіді. В залежності від того, наскільки щирим є наше серце, наша віра може бути бездоганною. Визнання тих, хто отримав правдиве серце, -- це істинне визнання віри. Бог швидко відповідає на молитви таких людей.

Багато людей визнають свою віру в Бога, але щирість їхнього визнання дуже відрізняється. Є люди, чиє сповідання віри на 100% правдиве, тому що їхнє серце на 100% правдиве. А сповідання віри інших людей правдиве лише на 50%, тому що їхнє серце щире лише на 50%. Якщо серце людини щире лише на 50%, Бог скаже: «Ти віриш лише наполовину». Щирість, з якою людина сповідує віру, -- це міра віри, яку визнає Бог.

Зв'язок між вірою і щирістю

У наших стосунках з іншими, коли ми говоримо, що довіряємо іншій людині, і дійсна ступінь віра тій людині, можуть дуже відрізнятися. Наприклад, коли мама виходить з дому, залишаючи там своїх маленьких дітей, що вона говорить? Вона каже: «Поводьтеся добре і не виходьте з дому. Діти, я вам довіряю». Чи насправді мами довіряють своїм дітям?

Якщо мама дійсно довіряє своїй дитині, їй не треба говорити: «Я довіряю тобі». Вона може просто сказати: «Я повернусь о певній годині». Але вона додає трохи слів, коли дитина не заслуговує на довіру. Вона може додати: «Я тільки що прибрала, тож будь охайним. Не чіпай мою косметику і не вмикай газову плиту». Вона перелічує всі пункти, за які вона хвилюється, а перед виходом говорить:

«Я довіряю вам, тож слухайте, що я вам кажу…»

Якщо розмір довіри ще менший, навіть сказавши своїй дитині, що робити, вона може подзвонити додому і перевірити, що робить дитина. Вона запитує: «Що ти зараз робиш? Все добре?» і намагається дізнатися, що робить її дитина. Вона сказала, що довіряє дитині, але у душі вона повністю не довіряє. Міра довіри батьків своїм дітям може бути різною.

Одним дітям можна довіряти більше, ніж іншим в залежності від того, наскільки вони щирі і надійні. Якщо діти завжди слухаються батьків, батьки можуть їм довіряти на 100%. Коли ці батьки говорять: «Я довіряю тобі», це дійсно так.

Просіть, маючи повноту віри

Тож якщо дитина, якій батьки довіряють на 100%, просить про щось, батьки можуть просто дати дитині те, про що вона просить. Їм не треба запитувати: «Що ти збираєшся з цим робити?», «Тобі дійсно це потрібно зараз?» і тому подібне. Вони можуть просто дати дитині те, що вона бажає, думаючи так: «Він попросив це, тому що це дуже необхідно. Він не буде марно просити».

Але якщо батьки не мають повної міри довіри, вони виконають прохання лише коли зрозуміють справжню причину прохання своєї дитини. Чим менше довіри вони мають, тим менше вони вірять словам дитини і вагатимуться, чи дарувати дитині те, що вона просить. Якщо дитина продовжує просити знову і знову, батьки інколи просто задовольняють її прохання не тому, що довіряють, а тому що дитина так сильно їх просить.

Цей принцип працює так само між нами і Богом. Чи маєте ви щире серце, щоби Бог визнав вашу віру стовідсотковою, промовивши: «Мій син, моя донька, чи вірите ви Мені у повній мірі?»

Ми не повинні бути такими дітьми, які отримують від Бога лише тому, що просимо день і ніч. Ми повинні мати можливість отримувати все, про що просимо, ходячи у правді, не маючи такого, за що нас можна засудити (1 Послання Івана 3:21-22).

Авраам мав щире серце і повноту віри

Авраам зміг стати отцем віри тому, що мав вірне серце і повноту віри. Авраам вірив в Божу обітницю і ніколи не сумнівався у будь-якій ситуації.

Бог пообіцяв Аврааму, коли тому було 75 років, що від нього почнеться великий народ. Але більше 20 років від того часу у нього не було жодної дитини. Коли Аврааму було 99 років, а його дружині Сарі 89, коли вони були вже надто старими, щоби мати дітей, Бог сказав, що через рік у нього з'явиться син. У Посланні до римлян 4:19-22 пояснюється ситуація.

Там написано: «І не знеміг він у вірі, і не вважав свого тіла за вже омертвіле, бувши майже сторічним, ні утроби Сариної за змертвілу, і не мав сумніву в обітницю Божу через недовірство, але зміцнився в вірі, і віддав славу Богові, і був зовсім певний, що Він має силу й виконати те, що обіцяв. Тому й залічено це йому в праведність».

Хоча то було абсолютно неможливим з точки зору можливостей людини, Авраам ніколи не сумнівався, але цілком вірив у Божу обітницю, і Бог визнав віру Авраама. Бог дав йому можливість мати сина Ісака наступного року, як обіцяв.

Але для того, щоб Авраам став отцем віри, залишалося ще одне випробування. Авраам народив Ісака у віці 100 років, і той ріс нормально. Авраам дуже любив свого сина. Тоді Бог наказав Аврааму принести Ісака у жертву цілопалення, так як приносили у жертву тельців і ягнят. У часи Старого Заповіту люди знімали шкіру, розрізали тварину на частини, а потім приносили її у жертву цілопалення.

У Посланні до євреїв 11:17-19 розповідається, як Авраам діяв у той момент: «Вірою Авраам, випробовуваний, привів був на жертву Ісака, і мавши обітницю, приніс однородженого, що йому було сказано: В Ісакові буде насіння тобі. Бо він розумів, що Бог має силу й воскресити з мертвих, тому й одержав його на прообраз».

Авраам поклав зв'язаного Ісака на олтар і вже ледь не заколов його ножем. У ту мить з'явився ангол Божий і промовив: «Не витягай своєї руки до хлопця, і нічого йому не чини, бо тепер Я довідався, що ти богобійний, і не пожалів для Мене сина свого, одинака свого» (Книга Буття 22:12). Завдяки цій перевірці Бог визнав бездоганну віру Авраама, який довів, що має право стати отцем віри.

Щоб зростити щире серце і повноту віри

Був час, коли я не мав надії і чекав смерті. Але моя сестра привела мене у церкву. Там, у Божому храмі, я став на коліна і отримав зцілення від усіх хвороб силою Бога. То була відповідь на молитви і пости моєї сестри про мене.

Відколи я отримав непереборну любов і благодать від Бога, я дуже сильно захотів дізнатися про Нього. Я відвідував багато зборів відродження, богослужіння, щоби вивчати Боже Слово. Хоча у мене була фізично важка робота на будівельному майданчику, я щодня відвідував ранкові молитовні збори. Я хотів чути Боже Слово і дізнаватися Його волю як тільки міг.

Коли пастори говорили про Божу волю, я просто корився. Я чув про те, що Божа дитина не повинна палити або пити, тому я негайно кинув палити і пити. Відколи я почув про те, що ми повинні віддавати Богові десятину і робити пожертвування, я завжди віддавав Богові до сьогодні.

Я читав Біблію і робив те, що Бог говорить нам робити, і тримався того, чого Бог говорить триматися. Я не робив того, що Біблія говорить не робити. Я молився і навіть постив щоби позбутися того, від чого в Біблії сказано позбутися. Якщо мені важко було позбутися чогось, я тримав піст. Бог помітив мої зусилля і відплатив Своєю благодаттю і дав мені дорогоцінну віру.

Моя віра в Бога ставала міцнішою день за днем. Я ніколи не сумнівався у Бозі під час труднощів і випробувань. В результаті покори Божому Слову моє серце змінилося і стало щирим, без жодної фальші. Воно змінювалося на добре і чисте серце, щоби стати схожим на серце Господа.

Як написано у 1 Посланні Івана 3:21: «Улюблені, коли не винуватить нас серце, то маємо відвагу до Бога», я просив Бога про все, маючи впевнену віру і отримував відповіді.

Випробування віри

Тим часом, 7 лютого 1983 року, після відкриття церкви на мене чекало велике випробування моєї віри. Рано вранці у суботу троє моїх доньок і один хлопець отруїлися чадним газом. Це сталося одразу після нічного молитовного служіння, що починається ввечері щоп'ятниці. Було неможливо, щоби вони вижили, тому що вони дихали тим газом всю ніч.

Очні яблука були вивернуті а у роті була піна. Тіла були знесилені і обвислі. Я попросив членів церкви покласти їх на підлогу храму, підійшов до олтаря і помолився Богові молитвою подяки.

«Бог-Отець, дякую Тобі. Ти дав і Ти забрав їх. Дякую, що взяв моїх доньок у лоно Господа. Дякую Тобі, що забрав їх у Своє царство, де немає сліз, горя і болю».

«Але оскільки хлопець є просто членом церкви, я прошу Тебе воскресити його. Я не хочу, щоби цей випадок ганьбив Твоє ім'я...»

Помолившись таким чином Богові, я спершу помолився про хлопця, а потім про трьох моїх доньок по черзі про кожну. Не минуло навіть двох хвилин після того, як я помолився про них, всі четверо встали у повній свідомості у тій послідовності, як я молився про них.

Оскільки я щиро вірив і любив Бога, я промовив молитву подяки, не маючи незадоволення і смутку у серці, і Бог був зворушений цією молитвою і явив нам велике диво. Завдяки цьому випадку віра членів церкви стала міцнішою. Бог визнав мою віру і я отримав від Нього більшу силу. А саме, я навчився проганяти отруйний газ незважаючи на те, що це не живий організм.

Коли відбувається перевірка віри, якщо ми являємо свою незмінну віру в Бога, Бог визнає нашу віру і нагородить нас благословеннями. Навіть ворог, диявол і сатана, більше не може нас звинувачувати, тому що також бачить, що наша віра щира.

Відтоді я можу долати всі випробування, завжди наближаючись до Бога, маючи щире серце і бездоганну віру. Щоразу я отримував більшу силу згори. Маючи силу Бога, дану мені таким чином, Бог дозволив мені проводити закордонні кампанії, починаючи з 2000 року.

Коли я тримав 40-денний піст у 1982 році перед відкриттям церкви, Бог прийняв його з радістю і дав мені служіння всесвітньої євангелізації і будівництва великого храму. Навіть через п'ять або десять років я не міг побачити жодного способу для виконання цих місій. Однак я досі вірив у те, що Бог здійснить їх, і безупинно молився про ці місії.

За 17 років від відкриття церкви Бог благословив нас проводити всесвітню євангелізацію завдяки величезним закордонним кампаніям, під час яких явилася дивовижна сила Бога. Починаючи з Уганди, ми також мали об'єднані кампанії в Японії, Пакистані, Кенії, на Філіппінах, в Індії, в Дубаї, Росії, Німеччині, Перу, Демократичній Республіці Конго, Сполучених Штатах і навіть в Ізраїлі, де проповідь Євангелія практично неможлива. Відбулися приголомшливі справи зцілення. Багато людей навернулися з індуїзму та ісламу. За все ми велично прославляємо Бога.

Коли прийшов час, Бог дав нам можливість видавати книжки різними мовами, щоби проповідувати Євангеліє через літературу. Він також дозволив нам заснувати канал християнського телебачення, який називається Всесвітня християнська мережа (ВХМ), а також мережу християнських лікарів, Всесвітню мережу християн-лікарів (ВМХЛ), щоби поширювати справи Божої сили, явлені в нашій церкві.

Кампанія у Пакистані

Було багато випадків, коли ми перемагали з вірою під час проведення закордонних кампаній, але я хочу розповісти про кампанію у Пакистані, зокрема про ту, яка проводилася у жовтні 2000 року.

У день об'єднаної кампанії у нас відбувалася конференція служителів. Хоча ми вже отримали схвалення від уряду, місце, де мала відбутися конференція, було зачинене, коли ми прийшли вранці. Більшість населення Пакистану мусульмани. Існувала загроза терористичного нападу на наші християнські збори. Оскільки наші збори були добре розрекламовані у засобах масової інформації, мусульмани намагалися завадити нашій кампанії.

Тому уряд раптово змінив своє ставлення, скасував дозвіл

на використання місця збору і перешкоджав людям, які їхали на конференцію. Однак я не засмутився і не здивувався. Скоріше, оскільки моє серце було зворушене, я сказав: «Конференція почнеться сьогодні опівдні». Я проголосив свою віру, тоді як озброєні поліцейські блокували ворота і здавалося не було жодного шансу, щоби державні службовці передумали.

Бог знав заздалегідь, що так буде, і підготував міністра культури і спорту уряду Пакистану, щоб він вирішив цю проблему. Він перебував у Лахорі у відрядженні, і коли їхав в аеропорт, щоб повернутися в Ісламабад, він довідався про нашу ситуацію і подзвонив у відділ поліції і державним посадовцям, наказавши, щоб збори відбулися. Він навіть відклав виліт, щоб самому прийти туди, де проводилася конференція.

Завдяки дивовижній справі Бога ворота відчинилися і багато людей рушили з хвальними вигуками і криками радості. Вони обнімалися і плакали від емоцій і радості, прославляючи Бога. Це сталося рівно опівдні!

Наступного дня під час проведення кампанії явилися могутні справи Божої сили у присутності найбільшої кількості людей в християнській історії Пакистану. Це також відкрило шлях для місіонерської роботи на Середньому Сході. Відтоді ми велично прославляємо Бога у кожній країні, в яку їдемо з кампанією, маючи величезні натовпи і наймогутніші справи Бога.

Так само, як ми можемо відкрити будь-які двері, якщо маємо «відмичку», якщо ми маємо бездоганну віру, ми можемо мати силу Бога у найнеможливіших ситуаціях. Тоді всі проблеми можуть бути вирішені моментально.

Також незважаючи на те, що відбувається багато аварій, природних катастроф, інфекційних хвороб, ми можемо бути захищеними Богом, якщо наблизимося до Нього, маючи щирі серця і бездоганну віру. Також навіть якщо люди, які мають владу, або лихі люди, намагаються принизити вас, якщо ви маєте щире серце і бездоганну віру, ви зможете прославити Бога, як Даниїл, який був захищений у лев'ячому рові.

У першій частині вірша 2 Книги хроніки 16:9 написано: «Бо очі Господні дивляться по всій землі, щоб зміцнити тих, у кого все їхнє серце до Нього». Навіть діти Божі стикатимуться з різними малими і великими проблемами у своєму житті. У ті часи Бог очікував, щоб вони покладались на Нього, молячись з бездоганною вірою.

Люди, які прийшли до Бога зі щирим серцем, старанно покаються у своїх гріхах, коли їхні гріхи відкриються. Як тільки їхні гріхи простяться, вони отримають впевненість і зможуть наблизитися до Бога, маючи повноту віри (Послання до євреїв 10:22). В ім'я Господа я молюся про те, щоб ви зрозуміли цей принцип і наблизилися до Бога, маючи щире серце і бездоганну віру, щоб отримувати відповіді на всі свої прохання у молитвах.

Третє небо і простір третього виміру

На третьому небі знаходиться Небесне Царство.
Простір, який має властивості третього неба, називається «простором третього виміру».
Коли влітку спекотно і волого, ми називаємо це зоною тропіків. Це не означає, що спека і вологе повітря тропіків перемістилися у це місце.
Просто погода має такі саме властивості, як погода у зоні тропіків.

Так само, навіть якщо справи третього неба відбуваються на першому небі (фізичному просторі, у якому ми живемо), це не означає, що якась частина простору третього неба перейшла у перше небо.
Звичайно, коли небесне воїнство, ангели або пророки подорожують до першого неба, брами, які поєднують третє небо, будуть відчинені.

Так само, як космонавти повинні одягати космічний костюм, щоб ходити по Місяцю або виходити у відкритий космос, коли істоти з третього неба приходять у перше небо, їм необхідно «одягати» простір третього виміру.

Деякі з патріархів у Біблії також відчували простір третього неба. Звичайно то бути випадки, коли ангели або ангели ГОСПОДА являлися і допомагали їм.

Звільнення Петра і Павла з в'язниці

У Книзі Дії 12:7-10 написано: «І ось Ангол Господній з'явився, і в в'язниці засяяло світло. І, доторкнувшись до боку Петрового, він збудив його, кажучи: Мерщій вставай! І ланцюги йому з рук поспадали. А Ангол до нього промовив: Підпережися, і взуй сандалі свої. І він так учинив. І каже йому: Зодягнися в плаща свого, та й за мною йди. І, вийшовши, він ішов услід за ним, і не знав, чи то правда, що робилось від Ангола, бо думав, що видіння він бачить. Як сторожу минули вони першу й другу, то прийшли до залізної брами, що до міста веде, і вона відчинилась сама їм. І, вийшовши, пройшли одну вулицю, і відступив Ангол зараз від нього».

У Книзі Дії 16:25-26 написано: «А північної пори Павло й Сила молилися, і Богові співали, а ув'язнені слухали їх. І ось нагло повстало велике трясіння землі, аж основи в'язничні були захиталися! І повідчинялися зараз усі двері, а кайдани з усіх поспадали...»

То були випадки, коли Петра і апостола Павла ув'язнили, коли вони не мали жодної провини, лише тому, що вони проповідували Євангеліє. Їх переслідували, коли вони проповідували Євангеліє, але вони зовсім не скаржилися. Вони прославляли Бога і раділи з того факту, що могли постраждати за ім'я Господа. Оскільки їхні серця були істинними відповідно до правди третього неба, Бог послав ангелів, щоб звільнити їх. Кайдани і залізні брами не були проблемою для ангелів.

Даниїл вижив у лев'ячій ямі

Коли Даниїл був прем'єр-міністром Персидської Імперії, люди, які заздрили йому, задумали знищити його. Тому його кинули у лев'ячу яму. Але у Книзі пророка Даниїла 6:23 написано: «Мій Бог послав Свого Ангола, і позамикав пащі левів, і вони не пошкодили мені, бо перед Ним знайдено було мене невинним, а також перед тобою, царю, я не зробив шкоди». Тут слова «Бог послав свого Ангола і позамикав пащі левів» означають, що їх вкрив простір третього неба.

У небесному царстві на третьому небі навіть тварини, які небезпечні на землі, такі як леви, не злі, а дуже лагідні. Тож справжні леви, які живуть на цій землі, стають дуже лагідними, коли простір третього неба покриває їх. Але якщо той простір піднімається, вони повертаються у свій звичайний стан і мають первинний злий характер. У Книзі пророка Даниїла 6:25 написано: «І сказав цар, і привели тих мужів, що донесли на Даниїла, і повкидали до лев'ячої ями їх, їхніх дітей та їхніх жінок. І вони не сягнули ще до дна ями, як леви вже похапали їх, і поторощили всі їхні кості».

Даниїла захищав Бог, тому що він не зогрішив. Лихі люди намагалися знайти підставу, щоб звинуватити його але так і не знайшли. Також він молився хоча його життя було під загрозою. Всі його дії були правильними відповідно до правди третього виміру, і тому простір третього виміру вкрив лев'ячу яму і Даниїла не було ушкоджено.

Розділ 7. А ви за кого Мене маєте?

> «Ти Христос, Син Бога живого».
> Якщо ви сповідуєте віру
> від щирого серця,
> ви підкріплятимете її своїми справами.
> Бог благословляє тих, хто сповідує свою віру.

Важливо сповідувати устами

Петро ходив по воді

Петро отримав ключі від Небесного Царства

Чому Петро отримав дивовижне благословення

Застосовуйте Слово на практиці, якщо вірите в Ісуса як свого Спасителя

Отримати відповіді, прийшовши до Ісуса

Отримувати відповіді завдяки сповіданню устами

Він каже до них: А ви за кого Мене маєте? А Симон Петро відповів і сказав: Ти Христос, Син Бога Живого! А Ісус відповів і до нього промовив: Блаженний ти, Симоне, сину Йонин, бо не тіло і кров тобі оце виявили, але Мій Небесний Отець. І кажу Я тобі, що ти скеля, і на скелі оцій побудую Я Церкву Свою, і сили адові не переможуть її. І ключі тобі дам від Царства Небесного, і що на землі ти зв'яжеш, те зв'язане буде на небі, а що на землі ти розв'яжеш, те розв'язане буде на небі!

―――――――――

(Євангеліє від Матвія 16:15-19)

Деякі подружжя нечасто говорять: «Я кохаю тебе» за весь час свого подружнього життя. Якщо ми запитаємо у них, вони можуть сказати, що почуття важливі, але вони не повинні про них весь час говорити. Звичайно, почуття важливіші, ніж просте сповідання устами.

Незалежно від того, скільки разів ми говоримо: «Я кохаю тебе», якщо ми щиро не любимо, слова марні. Але невже не було б краще, якби ми говорили про те, що маємо на серці? Так само у духовному плані.

Важливо сповідувати устами

У Посланні до римлян 10:10 написано: «...бо серцем віруємо для праведности, а устами ісповідуємо для спасіння».

Звичайно, у цьому вірші наголошується на тому, що необхідно вірити серцем. Ми не можемо отримати спасіння лише сповідуючи устами: «Я вірю», але необхідно мати щиру віру. Однак говориться, що ми повинні сповідувати устами те, у що віримо у серці. Чому?

Це необхідно для того, щоби зрозуміти важливість дій, які ідуть слідом сповідання устами. Люди, які сповідують свою віру, але роблять це лише на словах, не маючи віри у своєму серці, не можуть явити свідчення своєї віри – вчинки і справи віри.

Але люди, які щиро вірять у серці і сповідують устами, являють докази своєї віри своїми справами. А саме, вони роблять те, що Бог говорить їм робити, виконують те, що Бог говорить їм виконувати, а також позбавляються того, від чого Бог наказує позбавитися.

Тому у Посланні Якова 2:22 написано: «Чи ти бачиш, що віра помогла його ділам, і вдосконалилась віра із діл?» В Євангелії від Матвія 7:21 також написано: «Не кожен, хто каже до Мене: Господи, Господи! увійде в Царство Небесне, але той, хто виконує волю Мого Отця, що на небі». Тобто тут говориться про те, що ми можемо отримати спасіння лише коли будемо виконувати Божу волю.

Якщо ви сповідуєте віру, яка походить із серця, вона буде супроводжуватися справами. Тоді Бог вважає це істинною вірою, дасть відповідь і поведе вас шляхом благословінь. В Євангелії від Матвія 16:15-19 ми читаємо про те, як Петро отримав таке дивовижне благословення завдяки своєму сповіданню віри, яка вийшла глибини його серця.

Ісус запитав учнів: «А ви за кого Мене маєте?» Петро відповів: «Ти Христос, Син Бога Живого!» Як він зміг зробити таке дивовижне сповідання віри?

В Євангелії від Матвія 14 ми читаємо про ситуацію, коли Петро зробив дивовижне сповідання віри. Це коли Петро ходив по воді. З точки зору людського знання ходити по воді – це безглуздя. Коли Ісус ходив по воді, це було диво, а також швидко привернув нашу увагу той факт, що Петро також ходив по воді.

Петро ходив по воді

У той час Ісус молився сам у горах, і посеред ночі Він наблизився до Своїх учнів, які були у човні, який сильно били хвилі. Учні думали, що Ісус – привид. Лише уявіть істоту у темряві, яка наближається до вас посеред відкритого моря! Учні закричали від страху.

Ісус промовив: «Заспокойтесь, це Я, не лякайтесь!» А Петро відповів: «Коли, Господи, Ти це, то звели, щоб прийшов я до Тебе по воді». Ісус сказав: «Іди!», і вилізши із човна, Петро почав іти по воді і наблизився до Ісуса.

Петро міг іти по воді, але не тому, що його віра була бездоганною. Ми розуміємо це з того факту, що він злякався і почав тонути, коли побачив бурю. Ісус підійшов до нього і простягнув руку, промовивши: «Маловірний, чого усумнився?» Якщо віра Петра не була бездоганною, тоді яким чином Петро міг ходити по воді?

Хоча це неможливо було зробити завдяки його власній вірі, він вірив Ісусу, Сину Божому, в душі і визнавав Його так, що у ту мить міг іти по воді. Тут ми можемо зрозуміти щось дуже важливе: важливо сповідувати устами, коли ми віримо в Господа і визнаємо Його.

Перед тим, як Петро пішов по воді, він сповідав: «Коли, Господи, Ти це, то звели, щоб прийшов я до Тебе по воді». Звичайно, ми не можемо сказати, що це сповідання було повним. Якби він вірив у Господа у своєму серці на 100%, він би сповідав: «Господь, Ти можеш все. Накажи мені прийти до Тебе по воді».

Але оскільки Петро не мав достатньо віри, щоби зробити бездоганне сповідання від щирого серця, він промовив:

«Коли, Господи, Ти це». Почасти він ніби просив підтвердження. Все ж Петро відрізнявся від інших учнів, які були у човні, тому що промовив ці слова.

Він сповідав свою віру як тільки упізнав Ісуса, тоді як інші учні вигукували від страху. Коли Петро повірив і визнав Ісуса і визнав Його Господом від щирого серця, він зміг відчути диво, яке він не зміг би зробити за допомогою лише власної віри і сили: ходити по воді.

Петро отримав ключі від Небесного Царства

Маючи попередній досвід, Петро зрештою зробив бездоганне сповідання своєї віри. В Євангелії від Матвія 16:16 Петро сказав: «Ти Христос, Син Бога Живого!» То було інше сповідання, воно відрізнялося від того, яке він зробив, коли ішов по воді. Під час служіння Ісуса не всі люди вірили у Нього і визнавали Його Месією. Деякі заздрили Йому і намагалися вбити Його.

Були навіть люди, які осуджували і звинувачували Його, пускаючи хибні чутки: «Він божевільний», «Він одержимий Веельзевулом», або «Він – князь лихих духів, тому виганяє лихих духів».

Все ж в Євангелії від Матвія 16:13 Ісус запитав Своїх учнів: «За кого народ уважає Мене, Сина Людського?» Вони відповіли: «Одні за Івана Христителя, одні за Іллю, інші ж за Єремію або за одного з пророків». Були також лихі чутки про Ісуса, але учні не сказали про них, а згадали лише ті, які могли підбадьорити Ісуса.

Тому Ісус знову запитав їх: «А ви за кого Мене маєте?»

Першим відповів Петро. В Євангелії від Матвія 16:16 він промовив: «Ти Христос, Син Бога Живого!» Ми читаємо у наступних віршах, що Ісус дав Петру благословенне слово.

«Блаженний ти, Симоне, сину Йонин, бо не тіло і кров тобі оце виявили, але Мій Небесний Отець» (Євангеліє від Матвія 16:17).

«І кажу Я тобі, що ти скеля, і на скелі оцій побудую Я Церкву Свою, і сили адові не переможуть її. І ключі тобі дам від Царства Небесного, і що на землі ти зв'яжеш, те зв'язане буде на небі, а що на землі ти розв'яжеш, те розв'язане буде на небі!» (Євангеліє від Матвія 16:18-19).

Петро отримав благословення стати основою церкви і отримати право являти справи духовного простору у фізичному просторі. Таким чином, численні дивовижні справи відбулися завдяки Петру пізніше: каліки почали ходити, мертві воскресли, тисячі людей в одну мить покаялися.

Також коли Петро прокляв Ананія і Сапфіру, які обдурили Святого Духа, вони раптово впали і померли (Книга Дії 5:1-11). Все це було можливо тому що апостол Петро мав владу: що він зв'яже на землі, то він зв'яже на небі, що він розв'яже на землі, то він розв'яже на небі.

Чому Петро отримав дивовижне благословення

Чому Петро отримав таке дивовижне благословення? Перебуваючи поряд з Ісусом як Його учень, він бачив безліч справ сили, які являв Ісус. Те, що чоловікові було не під силу, відбувалося завдяки Ісусу. Те, чого неможливо було навчити людською мудрістю, Ісус проголошував Своїми устами. Тож що мали робити люди, які щиро вірили в Бога і мали милість і своєму серці? Невже вони не визнали би Його, думаючи так: «Це не простий чоловік, а Син Божий, який прийшов з небес»?

Але бачачи Ісуса, дуже багато людей у той час не впізнали Його. Особливо первосвященики, священики, фарисеї, книжники та інші лідери не захотіли визнати Його.

Навіть деякі з них заздрили Йому і намагалися вбити Його. А інші осуджували і звинувачували Його у своїх думках. Ісус жалів тих людей і в Євангелії від Івана 10:25-26 промовив: «Я вам був сказав, та не вірите ви. Ті діла, що чиню їх у Ймення Свого Отця, вони свідчать про Мене. Та не вірите ви, не з Моїх бо овець ви».

Навіть у часи Ісуса дуже багато людей осуджували і звинувачували Ісуса і намагалися вбити Його. Однак Його учні, які постійно були біля Нього, відрізнялися від інших людей. Звичайно, не всі учні вірили і відкрито визнавали Ісуса Божим Сином і Христом у своєму серці. Але вони вірили і визнавали Ісуса.

Петро сказав Ісусу: «Ти Христос, Син Бога Живого!» Він не почув це від когось або додумався сам. Він зрозумів це, тому що бачив справи Бога, які чинив Ісус, і тому що Бог дозволив йому зрозуміти це.

Застосовуйте Слово на практиці, якщо вірите в Ісуса як свого Спасителя

Деякі люди промовляють устами: «Я вірю» лише тому, що інші люди сказали їм, що ми отримаємо спасіння, коли віримо в Ісуса і зможемо зцілитися і отримати благословення, якщо ходимо у церву. Звичайно, коли ви вперше прийшли у церкву, ймовірно ви прийшли не тому, що знаєте достатньо і вірите достатньо. Почувши про те, що можуть отримати благословення і спасіння, якщо вони ходитимуть у церкву, люди думають: «Чому б мені не спробувати?»

Але незалежно від причини, через яку ви прийшли у церкву, побачивши дивовижні справи Бога, ви ніколи більше не будете мати такі саме думки, як раніше. Я говорю, що ви не лише повинні сповідувати устами свою віру, коли не маєте віри, але ви повинні прийняти Ісуса Христа як свого власного Спасителя і донести звістку про Ісуса Христа до інших через свої дії.

Щодо мене, я почав жити абсолютно іншим життям відколи зустрів живого Бога і прийняв Ісуса як свого власного Спасителя. Я повірив у Бога і Ісуса як свого власного Спасителя на 100% у своєму серці.

Я завжди визнавав Господа у своєму житті і корився Божому Слову. Я не наполягав на власних думках, припущеннях або поглядах, а лише покладався на Бога в усьому. Як написано у Книзі Приповістей 3:6: «Пізнавай ти Його на всіх дорогах своїх, і Він випростує твої стежки», оскільки я пізнав Бога в усьому, Бог направив мене в усіх шляхах моїх.

Тоді я почав отримувати дивовижні благословення, схожі

на ті, які отримав Петро. Як Ісус сказав Петру: «...що на землі ти зв'яжеш, те зв'язане буде на небі, а що на землі ти розв'яжеш, те розв'язане буде на небі». Бог відповів на все, у що я вірив і про що просив.

Я пізнав Бога і позбувся будь-якого зла відповідно до Божого Слова. Коли я досяг рівня освячення, Бог дав мені Свою силу. Коли я покладав руки на хворих, хвороби відступали і люди зцілялися. Коли я молився про людей, які мали сімейні проблеми або проблеми з бізнесом, їхні проблеми вирішувалися. Коли я пізнавав Бога в усьому, сповідував свою віру і догоджав Богові, застосовуючи Його Слово на практиці, Він задовольнив всі бажання мого серця і щедро благословив мене.

Отримати відповіді, прийшовши до Ісуса

В Біблії ми бачимо, що багато людей приходили до Ісуса, і їхні хвороби і недуги минали, а проблеми вирішувалися. Серед таких людей були язичники, але більшість були юдеями, які вірили в Бога протягом багатьох поколінь.

Але незважаючи на те, що вони вірили в Бога, вони не могли вирішити свої проблеми самостійно або отримати відповідь, покладаючись на власну віру. Вони зцілилися від хвороб і недугів, а також їхні проблеми були вирішені, коли вони звернулися до Ісуса. Це сталося тому, що вони повірили в Ісуса, пізнали Його і довели це своїми вчинками.

Дуже велика кількість людей намагалися прийти до Ісуса і торкнутися хоча б його одягу, тому що вони мали віру у те, що Ісус був не звичайною людиною, і їхні проблеми могли вирішитися у мить, коли вони прийшли до Нього, хоча їхня віра була не повною. Вони не могли отримати відповіді на проблеми за допомогою власної віри, але вони могли отримати відповідь, коли повірили в Ісуса, пізнали Його і прийшли до Нього.

А як щодо вас? Якщо ви дійсно вірите в Ісуса Христа і говорите: «Ти Христос, Син Бога живого», тоді Бог відповість вам, бачачи ваше серце. Звичайно, сповідання віри тих людей, які вже якийсь час ходять у церкву, повинно відрізнятися від сповідання нових віруючих. Це тому що Бог вимагає різного роду сповідання устами від різних людей відповідно до віри кожної людини. Так само, як знання чотирирічної дитини і повнолітньої людини відрізняються, сповідання устами також має бути різним.

Однак ви не можете зрозуміти це самостійно або просто почути це від когось і зрозуміти. Святий Дух в вас повинен дати вам розуміння, і ви повинні сповідати з надиханням Святого Духа.

Отримувати відповіді завдяки сповіданню устами

В Біблії розповідається про багатьох людей, які отримували відповіді, сповідуючи свою віру. У 18 главі Євангелія від Луки, коли сліпий повірив і пізнав Господа, звернувся до Нього і сповідав: «Господи, нехай стану видющим!» (вірш 41). Ісус відповів: «Стань видющий! Твоя віра спасла тебе!» (вірш 42), і він у ту ж мить прозрів.

Коли люди вірили, пізнавали, зверталися до Ісуса і сповідували з вірою, Ісус промовляв відвічним голосом і давав відповідь. Ісус має ту саме силу, як і всезнаючий Бог. Якщо Ісус вирішив щось, будь-яка хвороба або захворювання зцілиться, і навіть всі проблеми вирішаться.

Але це не означає, що Він вирішив проблеми і відповів на молитву будь-якої людини. Це неправильно відповідно до правди молитися і благословляти тих, хто не вірив, не пізнав і зовсім не цікавився Ним.

Так само, навіть коли Петро повірив і пізнав Господа у серці, якби він не сповідав свою віру устами, чи дав би Господь Петрові ті дивовижні слова благословення? Ісус міг дати Петру обітницю благословення, не порушуючи правди, тому що Петро повірив і пізнав Ісуса у своєму серці і сповідав устами.

Якщо ви бажаєте взяти участь у служінні Святого Духа, як Петро зробив для Ісуса, ви повинні сповідати устами віру, що походить з глибини вашого серця. Завдяки такому сповіданню устами, яке походить від надихання Святого Духа, я сподіваюся, ви швидко отримаєте навіть бажання свого серця.

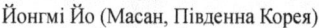

Йонгмі Йо (Масан, Південна Корея)

Одного разу я несподівано захворів на невідому хворобу

В середині січня 2005 року у лівому оці почалося затемнення, зір обох очей погіршився. Предмети виглядали невиразними або стали майже невидимі. Багато предметів здавалися жовтими, а прямі лінії стали кривими і хвилястими. Гірше того, до цього додалося блювання і запаморочення.

Лікар сказав мені: «Це хвороба Харада. Предмети здаються людині горбкуватими через маленькі грудки в очах». Він сказав, що причина хвороби досі невідома, зір відновити важко за допомогою медикаментів. Якби пухлини збільшилися, вони б закрили очні нерви і це призвело б до втрати зору. Я почав перевіряти себе у молитві. Потім я відчув вдячність за те, що я б залишився гордовитим якби у мене не виникла така проблема. Пізніше, завдяки молитві преподобного доктора Джерок Лі по телебаченню, а також після молитви з хусткою, над якою він

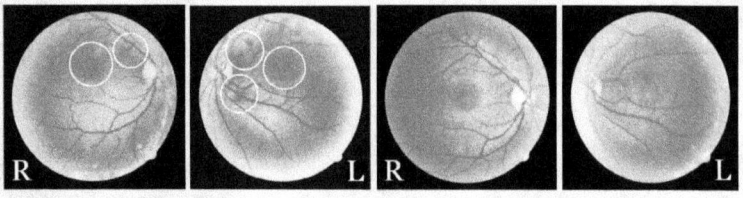

До молитви　　　　　Пухлини зникли одразу після молитви

помолився, моє запаморочення і нудота минули. «Мертві зорові нерви, відновіться! Світло, прийди!»

Пізніше я виявив, що дивлюся по телебаченню нічне богослужіння, що проходить у п'ятницю, з бездоганним зором. Я міг чітко прочитати субтитри. Я міг сфокусуватися на тому, що хотів побачити, а предмети більше не виглядали невиразними. Я чітко почав бачити кольори предметів. Вони більше не здавалися жовтими. Алілуя!

14 лютого я пішов на повторний огляд щоби засвідчити своє зцілення і прославити Бога. Лікар сказав: «Дивовижно! Воші очі нормальні». Лікар знав про важкий стан моїх очей і здивувався, що вони стали нормальними. Після уважного обстеження він підтвердив, що пухлини зникли і набрякання зникло. Він запитав мене, чи приймав я лікування в іншій лікарні. Я чесно

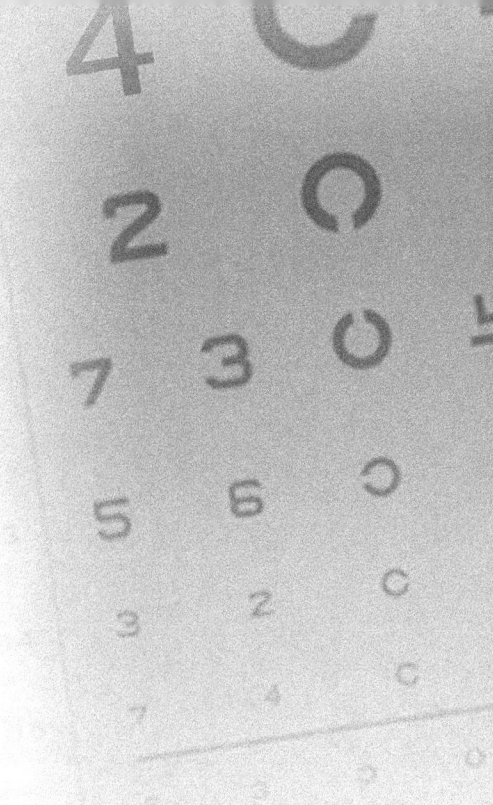

відповів: «Ні. Я лише отримав молитву преподобного доктора Лі і зцілився за допомогою Божої сили».
Мій зір звичайно був 0.8/0.25 до молитви, але покращився до показників 1.0/1.0 після молитви. Тепер мій зір 1.2 на обох очах.

- Уривок з книги «Надзвичайне» -

Розділ 8
Що ти хочеш, щоб зробив Я тобі?

> «Коли Ісус сказав:
> «Що ти хочеш, щоб зробив Я тобі?»,
> Він промовляв відвічним голосом».

Отримати відповідь, сказану відвічним голосом

Довіряйте Ісусові від щирого серця

Покликуйте, просячи у Бога

Бездоганна непохитна віра

Скинь плаща свого

Бог чує сповідання віри

«Що ти хочеш, щоб зробив Я тобі? А той відповів: Господи, нехай стану видющим!»

(Євангеліє від Луки 18:41)

Навіть люди, які приходять у церкву вперше, можуть отримати відповідь на будь-яку проблему, якщо вони довіряють Богові від щирого серця. Тому що Бог – наш добрий Батько, Який бажає робити лише добро Своїм дітям, як написано в Євангелії від Матвія 7:11: «Тож як ви, бувши злі, потрапите добрі дари своїм дітям давати, скільки ж більше Отець ваш Небесний подасть добра тим, хто проситиме в Нього!»

Бог поставив умову для отримання відповіді за Своєю правдою, щоби дозволити Своїм улюбленим дітям отримувати багаті благословення. Бог не встановив умови: «Я не можу дати тобі, тому що ти не відповідаєш нормам».

Він навчає нас, якими способами можна отримати відповідь на бажання свого серця, на вирішення фінансових проблем, сімейних проблем або проблем зі здоров'ям. Щоби отримати такі відповіді відповідно до Божої правди, віра і покора є найважливішими.

Отримати відповідь, сказану відвічним голосом

У 18 главі Євангелія від Луки ми дізнаємося історію сліпого чоловіка, який отримав відповідь Ісуса, коли Той промовив відвічним голосом. Жебракуючи на вулиці, чоловік почув, що проходить Ісус, тоді він крикнув голосно: «Ісусе, Сину Давидів, змилуйся надо мною!» Ті, що попереду йшли, сварились на нього, щоб він замовк, а він іще більше кричав: «Сину Давидів, змилуйся надо мною!»

Ісус зупинився і звелів, щоб чоловіка підвели до Нього, а тоді запитав: «Що ти хочеш, щоб зробив Я тобі?» А той відповів: «Господи, нехай стану видющим!» А Ісус сказав йому: «Стань видющий! Твоя віра спасла тебе!» Як тільки Ісус промовив це, відбулося неймовірне: чоловік одразу став зрячим. А коли люди побачити це, вони прославили Бога.

Коли Ісус запитав: «Що ти хочеш, щоб зробив Я тобі?», Він промовляв відвічним голосом. Коли сліпий чоловік сказав: «Господи, нехай стану видющим!», а Господь промовив: «...твоя віра спасла тебе!»», то був знову відвічний голос.

«Відвічний голос» -- це голос Бога, яким Він промовляв, коли створював небо і землю, а також все, що на них, Своїм Словом. Сліпий чоловік зміг отримати зір, коли Ісус промовив відвічним голосом, тому що він відповідав вимогам, щоби отримати відповідь. З цього моменту давайте детально розглянемо, як цей сліпий чоловік міг отримати відповідь.

Довіряйте Ісусові від щирого серця

Ісус ходив по великим і малим містам, поширював Євангеліє Небесного Царства і підтверджував Своє Слово ознаками і дивами. Каліки починали ходити, прокажені зцілялися, люди з пошкодженнями зору і слуху починали бачити і говорити. Німі починали говорити, злі духи виходили з людей. Оскільки звістка про Ісуса широко розповсюджувалася, натовп людей збирався навколо Ісуса всюди, куди б Він не йшов.

Одного дня Ісус прийшов у місто Єрихон. Як завжди дуже багато людей зібралося навколо Ісуса і йшло за Ним. Тоді сліпий чоловік, який сидів на вулиці і жебракував, почув шум натовпу, який йшов повз нього, і запитав людей, що відбувається. Хтось сказав йому: «Проходить Ісус Назарянин». Тоді сліпий чоловік, не вагаючись, крикнув: «Ісусе, Сину Давидів, змилуйся надо мною!»

Він зміг так крикнути тому що вірив, що Ісус неодмінно може зробити його зрячим. Також ми можемо зробити висновок, що чоловік вірив в Ісуса як Спасителя, тому що чоловік крикнув: «Ісусе, Сину Давидів».

Весь народ Ізраїлю знав, що Месія прийде з роду Давида. Сліпий зміг отримати відповідь по-перше, тому, що вірив в Ісуса і прийняв Його як Спасителя. Він також вірив без сумнівів, що цей Ісус може зробити його зрячим.

Хоча він був сліпий і нічого не бачив, він чув багато новин про Ісуса. Він чув, що з'явився чоловік, якого звуть Ісус, що Він володіє такою надзвичайною силою, що вирішує будь-які проблеми, які не може вирішити жодна людина.

Як написано у Посланні до римлян 10:17: «Тож віра від слухання», цей сліпий чоловік повірив, що отримає зір, якщо прийде до Ісуса. Він повірив у почуте, тому що мав порівняно добре серце.

Так само, якщо ми маємо добре серце, нам легше мати духовну віру, коли ми чуємо Євангеліє. Євангеліє – це «Добра Новина», а новини про Ісуса були також доброю новиною. Наприклад, коли хтось говорить: «Я зцілився від невиліковної хвороби завдяки молитві», люди, які мають добре серце, радітимуть з ним разом. Навіть якщо вони не вірять у це повністю, вони подумають: «Це дійсно добре, якщо це правда».

Чим більше в людях зла, тим більше вони сумніваються і намагаються не вірити у це. Деякі навіть осуджують або звинувачують, говорячи: «Вони це роблять, щоб обдурити людей». Але якщо вони говорять, що справи Святого Духа, явлені Богом, -- це брехня і вигадка, це богозневага на Святого Духа.

В Євангелії від Матвія 12:31-32 написано: «Тому то кажу вам: усякий гріх, навіть богозневага, проститься людям, але богозневага на Духа не проститься! І як скаже хто слово на Людського Сина, то йому проститься те; а коли скаже проти Духа Святого, не проститься того йому ані в цім віці, ані в майбутнім!»

Якщо ви засуджуєте церкву, яка являє справи Святого Духа, ви повинні покаятися. Лише коли стіна гріха між вами і Богом зруйнується, ви зможете отримати відповіді.

У 1 Посланні Івана 1:9 написано: «Коли ми свої гріхи визнаємо, то Він вірний та праведний, щоб гріхи нам простити, та очистити нас від неправди всілякої». Якщо вам є у чому покаятися, я сподіваюся, що ви щиро покаєтеся перед Богом зі сльозами і ходитимете лише у Світлі.

Покликуйте, просячи у Бога

Коли сліпий почув, що поряд проходить Ісус, він крикнув: ««Ісусе, Сину Давидів, змилуйся надо мною!» Він кричав голосно, звертаючись до Ісуса. Чому ми повинні кричати голосно?

У Книзі Буття 3:17 написано: «І до Адама сказав Він: За те, що ти послухав голосу жінки своєї та їв з того дерева, що Я наказав був тобі, говорячи: Від нього не їж, проклята через тебе земля! Ти в скорботі будеш їсти від неї всі дні свойого життя».

До того, як Адам їв з дерева знання добра і зла, люди могли їсти скільки завгодно те, що давав їм Бог. Однак після того, як Адам не послухав Божого Слова і їв з дерева, гріх увійшов в людей, і ми стали людьми плоті. Відтоді ми могли їсти лише плід своєї важкої праці.

Такою є правда, встановлена Богом. Тому лише проливаючи піт, ми можемо отримати відповіді від Бога. А саме, ми повинні посилено трудитись під час молитви всім серцем, розумом і душею і покликувати, щоб отримати відповідь.

У Книзі Пророка Єремії 33:3 написано: «Покликуй до Мене і тобі відповім, і тобі розповім про велике та незрозуміле, чого ти не знаїш!» В Євангелії від Луки 22:44 написано: «А як був у смертельній тривозі, ще пильніш Він молився. І піт Його став, немов каплі крови, що спливали на землю...»

Також в 11 главі Євангелія від Івана, коли Ісус воскресив Лазаря, який лежав мертвий протягом чотирьох днів, він крикнув гучним голосом: «Лазарю, вийди сюди!» (Євангеліє від Івана 11:43). Коли Ісус пролив Свою воду і кров, і зробив Свій останній подих на хресті, Він скрикнув гучним голосом: «Отче, у руки Твої віддаю Свого духа! І це прорікши, Він духа віддав...» (Євангеліє від Луки 23:46).

Оскільки Він прийшов на цю землю у людському тілі, навіть безгрішний Ісус скрикнув гучним голосом, отже то було відповідно до Божої правди. Тож як ми, Божі творіння, можемо просто сидіти і молитися спокійно, не покликуючи голосно, щоб отримати відповіді на проблеми, які неможливо вирішити за допомогою людських здібностей? Отже, друга причина, чому сліпий отримав відповідь, -- це тому що він голосно крикнув, що було відповідно до Божої правди.

Яків отримав благословення Бога за своєю молитвою після того, як звихнув суглоб стегна (Книга Буття 32:24-30). Доки не пішов дощ після трьох з половиною років посухи, Ілля щиро молився, поклавши голову між свої коліна (1 Книга Царів 18:42-46). Ми можемо швидко отримати відповідь, зворушивши Боже серце, коли молимося з вірою і любов'ю, докладаючи всю свою силу.

Покликувати у молитві не означає, що ми повинні верещати неприємним голосом. Ви можете розглянути пристойні способи молитви, а також способи отримання відповідей від Бога, у книзі «Пильнуйте й моліться».

Бездоганна непохитна віра

Деякі люди говорять: «Бог знає навіть найглибші частини твого серця, тож тобі не треба покликувати у молитві». Але це неправда. Сліпому чоловіку суворо наказали мовчати, але він продовжував кричати ще більше.

Він не послухався людей, які говорили йому мовчати, а кричав ще сильніше відповідно до правди Бога, ще пристрасніше. Його віра у ту мить була бездоганною і непохитною. І третя причина, чому він отримав відповідь, це тому що він явив свою віру, яка була незмінною за будь-яких обставин.

Коли люди докорили йому, якби сліпий образився або замовчав, він би не отримав зір. Однак тому що він мав таку міцну віру, що зможе бачити, коли зустрінеться з Ісусом, він не міг пропустити той момент, незважаючи на докори людей. Тоді був не час показувати свою гордість. Він не здався під тиском труднощів. Він продовжував кричати щиро і зрештою отримав відповідь.

У 15 главі Євангелія від Матвія є розповідь про хананеянку, яка прийшла до Ісуса з покірливим серцем і отримала відповідь. Коли Ісус пішов у землі мирські і сидонські, до нього прийшла жінка і поросила вигнали демона з її доньки, одержиму злими духами. Що промовив Ісус? Він сказав: «Не годиться взяти хліб у дітей, і кинути щенятам...» Діти – то народ Ізраїлю, а хананеянка – то щенята.

Звичайні люди дуже образилися би після таких слів і відійшли би. Але ця жінка була не такою. Вона покірно попросила змилуватися, промовивши: «Так, Господи! Але ж і щенята їдять ті кришки, що спадають зо столу їхніх панів». Ісус був зворушений і промовив: «О жінко, твоя віра велика, нехай буде тобі, як ти хочеш!». І тієї години донька її видужала. Вона отримала відповідь, тому що відкинула свою гордість і повністю скорила себе.

Однак багато людей, незважаючи на те, що вони приходять до Бога, щоб вирішити великі проблеми, просто відступають, або не покладаються на Бога лише тому що їхні почуття були ображені чимось незначним. Але якщо вони дійсно мають віру, щоб вирішити будь-яку важку проблему, тоді, маючи смиренне серце, вони будуть продовжувати просити Бога про милість.

Скинь плаща свого

Коли Ісус прийшов у Єрихон, він відкрив очі сліпому, і в Євангелії від Марка 10:46-52 ми читаємо про те, як Ісус відкрив очі іншому сліпому. То був Вартимей.

Він також кричав голосно, почувши, що Ісус проходить поряд. Ісус сказав людям, щоб привели його, і ми повинні звернути увагу на те, що він зробив. В Євангелії від Марка 10:50 написано: «А той скинув плаща свого, і скочив із місця, і прибіг до Ісуса». Ось чому він зміг отримати відповідь: він скинув свій плащ і прийшов до Ісуса.

Тож яке духовне значення криється у скиданні плаща, якщо то було однією з умов отримання відповіді? Плащ жебрака напевно був брудний і смердючий. Але то було єдине майно жебрака, яким він захищав своє тіло. Але Вартимей мав добре серце, так що він не міг підійти до Ісуса у брудному і смердючому плащі.

Ісус, якого він повинен був зустріти, був святою і чистою людиною. Сліпий знав, що Ісус був добрим чоловіком, Який давав милість людям, зціляв їх і давав надію бідним і хворим. Тому він послухався голосу своєї совісті, що він не може прийти до Ісуса у брудному і смердючому плащі. Він послухався голосу і скинув його.

Це було до того, як Ватримей отримав Святого Духа, тому він слухався голосу своєї совісті і підкорився йому. А саме, він негайно скинув найдорогоцінніше майно, свій плащ.

Плащ має ще одне духовне значення: це наше серце, брудне і смердюче. Це серце неправди: гордості, зарозумілості та іншого бруду.

Тут мається на увазі те, що для того, щоби зустрітися зі святим Богом, ми повинні скинути всі брудні і смердючі гріхи, які схожі на брудний плащ жебрака. Якщо ви дійсно бажаєте отримати відповідь, ви повинні слухатися голосу Святого Духа, коли Святий Дух нагадує вам про ваші минулі гріхи. І ви повинні покаятися у кожному з них. Ви повинні скоритися без вагань, коли голос Святого Духу промовить вам, так само, як зробив сліпий Вартимей.

Бог чує сповідання віри

Ісус зрештою відповів сліпому, який просив, маючи повноту віри. Ісус запитав його: «Що ти хочеш, щоб зробив Я тобі?» Невже Ісус не знав, чого бажає сліпий чоловік? Звичайно, знав, але Він запитав для того, щоб почути сповідання віри. Це Божа правда, що ми повинні сповідати віру своїми устами, щоб отримати дійсну відповідь.

Ісус запитав сліпого: «Що ти хочеш, щоб зробив Я тобі?» тому що він повинен був мати право отримати відповідь. Оскільки він відповів: «Учителю, нехай я прозрю!» він отримав те, що просив. Так само ми, якщо виконуємо умови відповідно до Божої правди, можемо отримати все, про що попросимо.

Чи знаєте ви історію про чарівну лампу Аладіна? Припустимо, якщо ви потерли лампу три рази, звідти вилізе велетень і виконає три ваших бажання. Хоча це лише казка, вигадана людьми, ми маємо набагато більше див і могутній ключ для відповідей. В Євангелії від Івана 15:7 Ісус сказав: «Коли ж у Мені перебувати ви будете, а слова Мої позостануться в вас, то просіть, чого хочете, і станеться вам!»

Чи вірите ви у силу всемогутнього Бога-Отця? Тоді ви можете перебувати у Господі, щоб Слово перебувало в вас. Сподіваюся, що ви будете єдині з Господом завдяки вірі і покорі, щоб ви могли сміливо заявити про свої бажання і отримати їх як відвічний голос промовляв.

Пані Акійо Хірочі (Майдзуру, Японія)

Моя онука зцілилася від дефекту міжпередсердної перегородки!

На початку 2005 року у нашій родині народилися дівчата-близнючки. Але через 3 місяці одна з дівчат почала важко дихати. У неї діагностували дефект міжпередсердної перегородки з 4,5 мм отвором у серці. Вона не могла тримати голівку, не могла смоктати молоко. Молоко їй подавалося через трубку, вставлену у ніс.
Ситуація була критичною, і педіатр лікарні Кіотського університету приїхав до міської лікарні Майдзуру. Організм дитини був надто слабкий, щоб перевезти її у лікарню університету, яка була на великій відстані. Тому дівчинці просто призначили лікування у місцевій лікарні.
Пастор Кеонте Кім із Церкви Манмін Осака і Майдзуру помолився про неї з хусткою, над якою помолився преподобний Джерок Лі. Він також прислав молитовне прохання у головну

церкву в Сеулі разом з її фото.

Я не міг бути присутнім на богослужінні через Інтернет, тому ми записали нічне богослужіння Центральної Церкви Манмін, яке проходить щоп'ятниці, від 10 червня 2005 року, а потім вся родина отримала молитву преподобного Лі.

«Бог-Отець, зціли її, переступивши простір і час. Поклади Свої руки на Мікі Юна, онучку Хірочі Акійо з Японії. Дефект піжпередсердної перегородки, зникни! Згори у вогні Святого Духу, і нехай прийде зцілення!»

Наступного дня, 11 червня, відбулося диво. Дитина не могла дихати самостійно, але їй стало краще і її зняли з апарату штучного дихання.

«Диво, що дитина одужала так швидко!» Лікар був здивований.

Відтоді дівчинка зростала добре. Вона важила лише 2,4 кг, але через 2 місяці після молитви вона важила 5 кг! Її голос, коли вона плакала, також став набагато гучнішим. Побачивши таке диво на власні очі, я зареєструвалася у Центральній Церкві Манмін у серпня 2005 року. Я зрозуміла, що Він дарував дію божественного зцілення, знаючи, що я повірю у Нього завдяки диву.

Через таку благодать я віддано працювала для заснування Церкви Манмін у Майдзуру. Через три роки після відкриття члени церкви разом зі мною запропонували Богові придбати прекрасну будівлю церкви.

Сьогодні я виконую багато волонтерської роботи для Божого Царства. Я вдячна не лише за благодать зцілення для моєї онуки, але також за благодать Бога, який вивів мене на шлях істинного життя.

- Уривок із книги «Надзвичайне» -

Розділ 9

«Як повірив ти, нехай так тобі й станеться"

> «Відвічний голос, який походить
> з уст Ісуса,
> йде по землі
> і досягає кінця світу,
> таким чином являючи Свою силу,
> переступаючи межі часу і простору».

Всі створіння коряться відвічному голосу

Люди втратили можливість чути відвічний голос

Чому вони не отримують відповіді

Сотник мав добре серце

Сотник відчув диво, що переступає
межі часу і простору

Могутні справи, що переступають
межі часу і простору

«І сказав Ісус сотникові: Іди, і як повірив ти, нехай так тобі й станеться! І тієї ж години одужав слуга його».

(Євангеліє від Матвія 8:13)

Коли люди відчувають нестерпний біль, або переживають труднощі, коли здається, що немає виходу, багато людей відчувають, що Бог далеко від них, або відвернув Своє лице від них. Дехто навіть сумнівається: «Чи знає Бог, що я тут?» або «Чи чує Бог мої молитви, коли я молюся?» Це тому що люди не мають достатньо віри у всемогутнього і всезнаючого Бога.

Давид пройшов багато труднощів у житті, однак він говорив: «Якщо я на небо зійду, то Ти там, або постелюся в шеолі ось Ти! Понесуся на крилах зірниці, спочину я на кінці моря, то рука Твоя й там попровадить мене, і мене буде тримати правиця Твоя!» (Книга Псалмів 139:8-10).

Оскільки Бог керує всім всесвітом і всім, що в ньому, поза часом і простором, фізична відстань, яку відчувають люди, для Бога не має жодного значення.

У Книзі Ісаї 57:19 написано: «Створю Я плід уст: Спокій, спокій далекому та близькому! говорить ГОСПОДЬ, і вздоровлю його». Тут слова «Створю я плід уст» означає те, що слово, яке дав Бог, неодмінно здійсниться, як написано у Книзі Числа 23:19.

У Книзі Пророка Ісаї 55:11 також написано: «Так буде і Слово Моє, що виходить із уст Моїх: порожнім до Мене воно не вертається, але зробить, що Я пожадав, і буде мати поводження в тому, на що Я його посилав!»

Всі створіння коряться відвічному голосу

Бог-Творець створив небо і землю Своїм відвічним голосом. Отже все, що було створено відвічним голосом, кориться відвічному голосу, хоча це не живі організми. Наприклад, у наш час існують пристрої розпізнавання голосу, які реагують лише на певний голос. Так само, відвічний голос закарбований в усьому, що є у всесвіті, так що все це кориться, коли звучить відвічний голос.

Ісус, який також має природу Бога, також промовляв відвічним голосом. В Євангелії від Марка 4:39 написано: «Тоді Він устав, і вітрові заборонив, і до моря сказав: Мовчи, перестань! І стих вітер, і тиша велика настала...» Навіть море і вітер, який не має вух або життя, покірний відвічному голосу. Тоді що робити нам, людям, які мають вуха і розум? Очевидно, що ми повинні слухатися. Але чому люди не слухаються?

Давайте розглянемо приклад механізму з розпізнаванням голосу. Припустимо, що є сто таких приладів. Господар установив, щоб прилади реагували, почувши слово «Так». Але хтось змінив налаштування на 40 приладах, щоб вони реагували, почувши слово «Ні». Тоді ці 40 приладів ніколи не відреагують, коли господар скаже «Так». Так само відколи Адам зогрішив, люди втратили можливість чути відвічний голос.

Люди втратили можливість чути відвічний голос

Адам був створений як живий дух, який слухався Божого Слова, істини, і корився лише йому. Бог-Отець передав Адаму лише духовні знання, слова істини, але оскільки Бог дав Адамові свободу волі, Адам мав вирішити, чи коритися йому істині. Бог не хотів мати дитину, схожу на робота, яка буде весь час безумовно коритися Йому.

Він хотів мати дітей, які добровільно коритимуться Його

Слову і любити Його Слово щирим серцем. Однак, через довгий період часу, Адама спокусив сатана, і він не послухався Божого Слова.

У Посланні до римлян 6:16 написано: «Хіба ви не знаєте, що кому віддаєте себе за рабів на послух, то ви й раби того, кого слухаєтесь, або гріха на смерть, або послуху на праведність?» Як сказано, нащадки Адама стали рабами гріха і ворога, диявола і сатани, через його непокору.

Вони були приречені думати, говорити і діяти, як підбурював їх сатана, і вони накопичували гріх на гріх і зрештою увійшли у смерть. Однак Ісус прийшов на цю землю за планом Бога. Він помер, ставши спокутною жертвою, щоб визволити всіх грішників, і воскрес.

Щодо цього у Посланні до римлян 8:2 написано: «Бо закон духа життя в Христі Ісусі визволив мене від закону гріха й смерти». Як написано, люди, які вірять в Ісуса Христа у своєму серці і ходять у світлі, -- більше не раби гріха.

Цо означає, що вони отримали можливість почути відвічний голос Бога завдяки своїй вірі в Ісуса Христа. Отже люди, які чують і коряться йому, можуть отримати відповідь, що б вони не попросили.

Чому вони не отримують відповіді

Деякі люди можуть запитати: «Я вірю в Ісуса Христа і отримав прощення гріхів, тож чому я не зціляюсь?» Тоді я задам вам таке питання: «До якої міри ви скорилися Божому Слову, яке записане в Біблії?»

Коли ви говорите, що вірите в Бога, чи не любили ви цей світ, чи не обдурювали інших або чинили щось погане як мирські люди? Я б хотів, щоб ви перевірили, чи святили ви всі неділі, чи віддавали десятину, чи виконували всі Божі заповіді, де нам сказано, що робити, чого не робити, чого триматися, а чого позбутися.

Якщо ви можете впевнено сказати «так» на ці запитання, ви отримаєте відповідь на все, про що попросите. Навіть якщо відповідь запізниться, ви просто будете дякувати від щирого серця і покладатися на Бога без вагань. Якщо ви таким чином покажете свою віру, Бог без вагань дасть вам відповідь. Він промовить відвічним голосом: «Станеться тобі так відповідно до твоєї віри», і дійсно станеться так відповідно до вашої віри.

Сотник мав добре серце

У 8 главі Євангелія від Матвія записана історія про римського сотника, який отримав відповідь завдяки своїй вірі. Коли він прийшов до Ісуса, його раба було вилікувано від хвороби відвічним голосом, промовленим Ісусом.

У ті часи Ізраїль був під управлінням Римської Імперії. Були командири тисяч, сотен, п'ятдесяти і десяти у римській армії. Назва чину давалася відповідно до кількості солдат під його командуванням. Один з таких командирів, сотник, був в Ізраїльському Капернаумі. Він почув новину про Ісуса, Який навчав любові, добру і милосердю.

В Євангелії від Матвія 5:38-39 Ісус сказав: «Ви чули, що сказано: Око за око, і зуб за зуба. А Я вам кажу не противитись злому. І коли вдарить тебе хто у праву щоку твою, підстав йому й другу».

Також в Євангелії від Матвія 5:43-44 він сказав: «Ви чули, що сказано: Люби свого ближнього, і ненавидь свого ворога. А Я вам кажу: Любіть ворогів своїх, благословляйте тих, хто вас проклинає, творіть добро тим, хто ненавидить вас, і моліться за тих, хто вас переслідує». Люди, добрі у душі, зворушаться, коли почують такі добрі слова.

Але сотник також чув, що Ісус не лише навчав добру, але також являв ознаки і дива, які неможливо зробити за допомогою людських можливостей. Новини були про те, що прокажені, які вважалися проклятими, зцілялися, сліпі прозрівали, німі починали говорити, а глухі – чути. Крім того, каліки починали ходити і стрибати. Сотник просто повірив у ті слова.

Але різні люди реагували по-різному на ці новини про Ісуса. Бачачи справи Бога, одні люди просто не розуміли, тому що вони були сконцентровані лише на собі у своїй вірі замість того, щоби прийняти і повірити, вони осуджували і звинувачували.

Такими були книжники і фарисеї, які мали законні права. В Євангелії від Матвія 12:24 написано, що вони навіть зверталися до Ісуса, промовляючи: «Він демонів не виганяє інакше, тільки як Вельзевулом, князем демонів». Вони промовляли лихі слова, бо були духовно неосвіченими.

Другий вид людей вірив в Ісуса як в одного з великих пророків, і йшов за Ним. Наприклад, коли Ісус воскресив юнака, люди сказали: «А всіх острах пройняв, і Бога хвалили вони й говорили: Великий Пророк з'явився між нами, і зглянувся Бог над народом Своїм!» (Євангеліє від Луки 7:16)

По-третє, були люди, які розуміли у своєму серці і вірили, що Ісус – Син Божий, Який прийшов на цю землю, щоб стати Спасителем для всього людства. Чоловік був сліпий з дитинства, але його очі відкрилися, коли він зустрів Ісуса.

Він промовив: «Відвіку не чувано, щоб хто очі відкрив був сліпому з народження. Коли б не від Бога був Цей, Він нічого не міг би чинити» (Євангеліє від Івана 9:32-33).

Він зрозумів, що Ісус прийшов як Спаситель. Він промовив: «Я вірую, Господи!» і вклонився Ісусу. Так само люди, які мали добре серце, яке могло визнати щось добре, могли зрозуміти, що Ісус – Син Божий, лише побачивши Його справи.

В Євангелії від Івана 14:11 Ісус промовив: «Повірте Мені, що Я в Отці, а Отець у Мені! Коли ж ні, то повірте за вчинки самі». Якби ви жили у часи Ісуса, до яких би людей ви би належали на ваш погляд?

Сотник був людиною із третього типу. Він повірив у новину про Ісуса і прийшов до Нього.

Сотник відчув диво, що переступає межі часу і простору

Чому сотник отримав відповідь, яку хотів, одразу після того, як почув слова Ісуса: «Як повірив ти, нехай так тобі й станеться!»?

Ми бачимо, що сотник вірив Ісусу у своєму серці. Він міг виконати все, що б Ісус не сказав йому. Але найважливішим було те, що сотник прийшов до Ісуса, маючи справжню любов до душ інших людей.

В Євангелії від Матвія 8:6 написано: «Господи, мій слуга лежить удома розслаблений, і тяжко страждає». Сотник прийшов до Ісуса і попросив не про власних батьків, родичів або навіть власних дітей, а про свого слугу. Він взяв біль свого слуги як власний біль і прийшов до Ісуса. Невже Ісус не зворушився би його добрим серцем?

Параліч – це тяжке становище, яке неможливо легко вилікувати навіть за допомогою найкращої медичної майстерності. Людина не може вільно ворушити руками і ногами, тож їй необхідна допомога інших людей. Також у деяких випадках людині необхідна допомога, щоб помитися, поїсти або перевдягнутися.

Якщо хвороба триває довго, дуже важко знайти людину, яка незмінно буде доглядати за хворою людиною з любов'ю і співчуттям, як говорить стара корейська приказка: «У довгій хворобі немає відданих синів». Небагато існує людей, які люблять членів своєї родини як самих себе.

Однак інколи, коли вся родина щиро молиться за них з любов'ю, ми можемо побачити тих, хто вийшов за рамки життя, зцілившись, або отримав відповідь на дуже важке запитання. Їхня молитва і справи любові зворушують серце Бога-Отця так сильно, що Бог являє їм любов, яка перевищує межі Його правди.

Сотник мав таку повну довіру до Ісуса, що зцілив його паралізованого слугу. Він попросив Ісуса і отримав відповідь.

Друга причина, чому сотник міг отримати відповідь, полягала у тому, що він явив бездоганну віру і готовність повністю слухатися Ісуса.

Ісус побачив, що сотник любить свого слугу як самого себе, і промовив: «Я прийду й уздоровлю його». Але сотник в Євангелії від Матвія 8:8 відповів: «Недостойний я, Господи, щоб зайшов Ти під стріху мою... Та промов тільки слово, і видужає мій слуга!»

Більшість людей були б щасливі, якби Ісус прийшов у їхній дім. Але сотник сміливо відмовився, тому що мав істинну віру.

Тому що сотник мав покору, що б Ісус не сказав йому. Ми

розуміємо це з написаного в Євангелії від Матвія 8:9: «Бо й я людина підвладна, і вояків під собою я маю; і одному кажу: піди то йде він, а тому: прийди і приходить, або рабові своєму: зроби те і він зробить». Тож коли Ісус почув це, Він здивувався і промовив тим, хто йшов услід за Ним: «Поправді кажу вам: навіть серед Ізраїля Я не знайшов був такої великої віри!»

Так само, якщо ви зробили так, як наказує нам Бог, не робили того, що Бого наказує не робити, тримається того, чого Бог наказує вам триматися, і позбулися того, чого Бог наказує позбутися, ви можете бути впевнені і просити будь-чого у Бога. Тому що у 1 Посланні Івана 3:21-22 написано: «Улюблені, коли не винуватить нас серце, то маємо відвагу до Бога, і чого тільки попросимо, одержимо від Нього, бо виконуємо Його заповіді та чинимо любе для Нього».

Сотник мав бездоганну віру у силу Ісуса, Який міг зціляти лише за допомогою Свого Слова. Незважаючи на те, що він був сотником Римської імперії, він впокорився і був готовий повністю слухатися Ісуса. Тому він отримав відповідь на своє бажання.

В Євангелії від Матвія 8:13 Ісус сказав сотнику: «Іди, і як повірив ти, нехай так тобі й станеться!» і слуга у ту ж мить зцілився. Коли Ісус промовив відвічним голосом, була дана відповідь, що переходить межі простору і часу, саме так, як вірив сотник.

Могутні справи, що переступають межі часу і простору

У Псалмі 18:5 написано: «...та по цілій землі пішов відголос їхній, і до краю вселенної їхні слова!» Як написано, відвічний голос, який пішов з уст Ісуса, сягав краю землі, і сила Божа була явлена, переступаючи межі простору незважаючи на фізичну відстань.

Також, коли прозвучав відвічний голос, він переступив у межі часу. Тому навіть через деякий час слово здійсниться, якщо ваш посуд готовий отримати відповідь.

У цій церкві відбувається багато справ Божої сили, що переступають межі часу і простору. У 1999 році одна сестра з Пакистану принесла мені фото своєї сестри Сінтії. Сінтія помирала від звуження товстої кишки а також від целіакії. Лікар сказав, що шансів вижити мало навіть після операції. Тоді старша сестра Сінтії прийшла до мене з фотокарткою своєї сестри, щоб отримати мою молитву. З того моменту, коли я помолився про Сінтію, вона одужала дуже швидко.

У жовтні 2003 року дружина помічника пастора прийшла до мене з фотографією свого брата, щоб отримати мою молитву. У брата була проблема: зменшувалася кількість тромбоцитів у крові. Кров була у сечі, випорожненнях, очах, носі і роті. Кров також потрапила у легені і кишечник. Він просто чекав смерті. Але коли я помолився, поклавши руки на фото, кількість тромбоцитів швидко зросла, і він швидко одужав.

Такі справи, що переступають межі часу і простору, часто відбувалися під час кампанії в Росії, у Санкт-Петербурзі, у листопаді 2003 року. Кампанію транслювали через 12 супутників у більш ніж 150 країнах Європи, Азії, Північної Америки і Південної Америки, а також Росії. Також трансляція відбувалася в Індії, на Філіппінах, в Австралії, США, Гондурасі і Перу. Також одночасні збори через екран проводилися у 4 містах Росії і в Києві, Україна.

Незалежно від того, відвідували люди збори, що проводилися через екран, або дивилися збори по телевізору вдома, люди, які слухали проповідь і отримали молитву з вірою, отримали зцілення у той же час і прислали нам свідоцтва по електронній пошті та передали іншими способами. Хоча люди перебували не в одному і тому ж фізичному просторі, коли прозвучав відвічний голос, голос подіяв на них також, тому що вони були разом в одному і тому ж духовному просторі.

Якщо ви маєте лише істинну віру і готовність коритися Божому Слову, проявляйте свої справжні вчинки любові, як сотник, і вірте у силу Бога, Який діє, переступаючи межі часу і простору, ви можете мати благословенне життя, отримуючи відповіді на все, про що ви просите.

Під час двотижневих особливих зборів відродження, які проводилися протягом 12 років з 1993 по 2004 роки, люди зцілилися від різноманітних хвороб і отримали вирішення багатьох життєвих проблем. Інші стали на шлях спасіння. Однак Бог змусив нас припинити ці збори відродження після зборів відродження 2004 року. То був ще більший стрибок вперед.

Бог дозволив мені розпочати нові духовні заняття і почав пояснювати мені різні виміри духовного царства. Спочатку я не міг зрозуміти, що малося на увазі. Були абсолютно нові умови. Але я просто скорився і почав вивчати їх з вірою, що одного разу зрозумію.

Близько 30 років тому я отримав силу Бога через посилену молитву і піст, коли став пастором. Мені довелося боротися з сильним холодом і спекою під час 10, 21, 40 днів посту і молитви Богові.

Але духовні заняття, які дав меня Бог, були незрівнянно болючішими, ніж ті зусилля. Мені довелося спробувати зрозуміти те, про що я раніше не чув, і мені довелося молитися як Яків біля річки Яббок, доки я не зрозумів.

Крім того, я також повинен був витерпіти різні фізичні умови своїм тілом. Як космонавт тренується, щоб пристосуватися до життя у космосі, відбувалися різні процеси в моєму організмі, доки я не досяг виміру, якого Бог хотів, щоб я досяг.

Але я подолав все з любов'ю і вірою в Бога, і досить скоро здобув знання про походження Бога-Отця, закон любові і правди та багато іншого.

До того ж, чим ближче я підходив до виміру, який Бог хотів, щоб я досяг, могутні справи почали відбуватися з більшою силою. Швидкість, з якою члени церкви отримували благословення, підвищилася, а також швидкість божественного зцілення. Щодня додавалося більше свідоцтв.

Бог бажає виконати Своє провидіння наприкінці часів з найвищою і найбільшою силою, яку людина уявити не може. Тому Він дав цю силу, тому Великий Храм буде побудовано як ковчег спасіння, який проголосить славу Богу, і Євангеліє знову повернеться до Ізраїля.

Дуже важко проповідувати Євангеліє в Ізраїлі. Християнам там збиратися заборонено. Це може статися лише за допомогою надзвичайної сили Бога, яка може навіть струсити світ, і це обов'язок, даний нашій церкві, — проповідувати Євангеліє в Ізраїлі.

Сподіваюся, що ви зрозумієте, що наближається час, коли Бог залучить нас до Своїх планів щодо кінця часу, намагатиметесь прикрасити себе як наречені Господа, щоб все з вами велося добре, щоб ваша душа процвітала.

Сила Бога, яка панує на четвертому небі

Четверте небо – це простір виключно для відвічного Бога.
Це місце для Бога-Трійці, де все можливо.
Все створюється з нічого. Бог все обіймає Своїм серцем.
Навіть тверді предмети можуть легко перетворюватися на рідину або газ.
Простір, який має такі ознаки, називається «простором четвертого виміру».

Справи, які використовують цей духовний простір четвертого виміру, включають у себе справи створення, управління життям і смертю, зцілення та інші справи, що переступають межі часу і простору. Сила Бога, Який володіє четвертим небом, явилася сьогодні так, як це було вчора.

1. Справи створення

Справа створення означає створення вперше того, що раніше не існувало. Такою була справа створення, коли Бог створив небо і землю, а також все, що на них, впочатку за допомогою лише Свого Слова. Бог може явити справи створення тому що Він володіє четвертим небом.

Справи створення, явлені Ісусом

Перетворення води на вино, про яке написано в Євангелії від Івана 2, -- це справа створення. Ісуса запросили на весільний обід, де з часом закінчилося вино.
Марію це засмутило, тому вона попросила Ісуса про допомогу. Спочатку Ісус відмовився, але Марія вірила. Вона вірила, що Ісус допоможе господарю свята.
Ісус зважив на бездоганну віру Марії і наказав слугам наповнити посудини водою і принести їх до весільного старости. Він не помолився і не наказав, щоб вода перетворилася на вино. Він просто подумав про це у Своєму серці, і вода у шести посудинах миттєво перетворилася на високоякісне вино.

Справи створення, явлені через Іллю

Вдова із Сарепти, про яку написано у 17 главі 1 Книги Царів, перебувала у дуже скрутному положенні. Внаслідок довгої посухи в неї закінчилися продукти, залишилася лише пригорща борошна та трохи олії.
Але Ілля попросив жінку зробити йому калача: «Бо так сказав ГОСПОДЬ, Бог Ізраїлів: Дзбанок муки не скінчиться, і не забракне в горняті олії аж до дня, як ГОСПОДЬ дасть дощу на поверхню землі» (1 Книга Царів 17:14). Вдова послухалася Іллю, не промовивши жодного виправдання.
В результаті Ілля і жінка зі своєю родиною мали що поїсти протягом багатьох днів, дзбанок муки не скінчився, і не забракло в горняті олії (1 Книга Царів 17:15-16). Тут дзбанок муки і олія в горняті, яка не скінчилася, вказують на те, що відбулися справи створення.

Справи створення, явлені через Мойсея

У Книзі Вихід 15:22-23 ми читаємо про те, як сини Ізраїля перейшли Червоне море і потрапили у пустелю. Минуло три дні, але вони не могли знайти воду. Вони прийшли до Мари і знайшли там воду, але вона була гірка і непридатна до пиття. Вони почали голосно скаржитися.
Тому Мойсей голосно помолився Богу, і Бог показав йому дерево. Коли Мойсей кинув його у воду, вода стала солодка і придатна для пиття. Дерево насправді не мало елементів, які могли забрати гіркоту з води. То Бог явив справу створення, явлену через віру і покору Мойсея.

Місцезнаходження солодкої води Муану

Церква Манмін у Муані відчуває справи створення

Бог досі являє нам справи створення. Однією з таких справ є солодка вода Муану. 4 березня 2000 року я помолився в Сеулі, щоб солона вода Церкви Манмін у Муані перетворилася на солодку, і члени церкви підтвердили, що наступного дня, 5 березня, отримали відповідь на молитву.

Церква Манмін у Муані оточена морем і має лише морську воду у криниці. Членам церкви доводилося качати питну воду через трубопровід за 3 кілометри. Для них це було дуже незручно.

Члени Церкви Манмін у Муані згадали подію при Марі, яка записана у Книзі Вихід, і попросили мене помолитися з вірою, щоб солона вода перетворилася на солодку. Протягом 10-денної молитви на горі з 21 лютого я молився про Церкву Манмін у Муані. Члени Церкви Манмін у Муані також постили і молилися про це.

Під час моєї молитви на горі я зосередився лише на молитвах і на Божому Слові. Мої зусилля і віра членів Церкви Манмін у Муані виконали умови правди Божої, і явилася дивовижна справа створення.

Духовними очима можна побачити промінь світла, що виходить з Божого престолу до кінця труби з криниці, тож коли солона вода проходить крізь промінь, вона перетворюється на солодку воду.

Але ця солодка вода Муану не лише придатна для пиття. Коли люди п'ють цю воду або вживають її з вірою, вони отримують божественне зцілення і відповіді на запитання відповідно до своєї віри. Існує незліченна кількість свідоцтв про такі справи, явлені за допомогою солодкої води Муану, і багато людей з усього світу приїжджають до цієї криниці у Церкві Манмін у Муані.

Солодка вода Муану була перевірена Управлінням з контролю якості харчових продуктів і лікарських засобів уряду США, її безпечність і добрі якості були підтверджені за п'ятьма категоріями: наявність мінералів, вміст важких металів, вміст хімічних домішок, реакція шкіри і токсичність на піддослідних мишах. Вода була особливо багата на мінерали, а вміст кальцію більш ніж втричі перевищував інші відомі мінеральні води Франції і Німеччини.

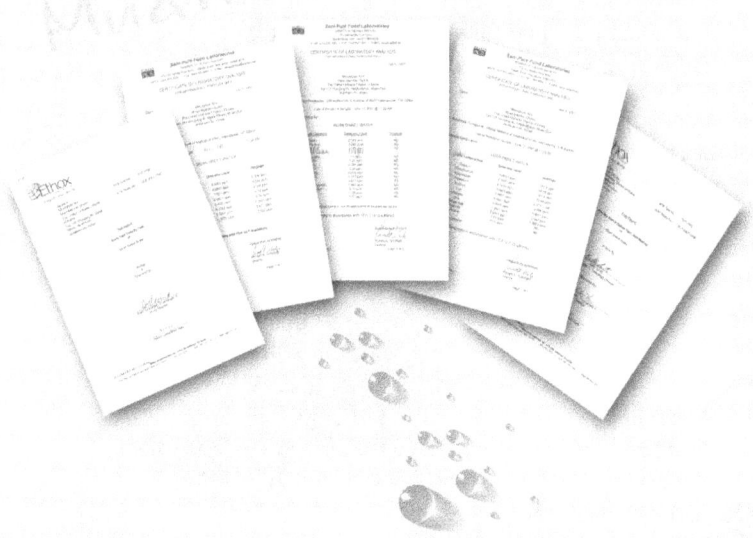

Результати перевірки FDA (Управлінням з контролю якості харчових продуктів і лікарських засобів уряду США)

2. Управління життям

У просторі четвертого виміру, який має властивості четвертого неба, мертве може ожити, а живе може бути позбавлене життя. Це стосується всього, що має життя, рослин або тварин.

Так сталося з жезлом Аарона, який пустив паростки. Він був вкритий простором четвертого виміру. Тож вдень жезл пускав бруньки і цвів, а також давав стиглі мигдалі. В Євангелії від Матвія 21:19 Ісус промовив до фігового дерева, яке не приносило плодів: «Нехай плоду із тебе не буде ніколи повіки!» І воно відразу усохло. Це було також зроблено тому, що його покрив простір четвертого виміру.

В Євангелії від Івана 11 ми читаємо історію про те, як Ісус воскресив Лазаря, який лежав мертвий чотири дні і вже смердів. У випадку з Лазарем у тіло мала повернутися не лише душа, а також тіло, яке вже почало розкладатися, мало повністю відновитися. Фізично це було неможливо, але тіло Лазаря воскресло миттєво у просторі четвертого виміру.

У Центральній Церкві Манмін брат Кеонві Парк повністю втратив зір на одне око, але знову почав бачити. Йому зробили операцію по видаленню катаракти, коли йому було три роки. Відбулися ускладнення: увеїт і відшарування сітківки. Якщо сітківка відшаровується, ви не можете добре бачити. Крім того, він також страждав від атрофії, тобто усихання, очного яблука. Зрештою у 2006 році він повністю втратив зір у лівому оці. Але у липні 2007 року до чоловіка повернувся зір після моєї молитви. Його ліве око не бачило навіть світло, а тепер воно бачить. Зморщене очне яблуко також стало нормального розміру.

Зір правого ока також був поганий: 0,1 за школою, але покращився до 0,9. Його свідоцтво було підтверджено медичними документами та виписками з лікарні на 5-ій Міжнародній конференції християн-лікарів у Норвегії. Конференцію відвідало 220 спеціалістів в області медицини з 41 країни. Цей випадок був вибраний як найцікавіший серед багатьох представлених випадків.

Те саме може відбутися з іншими тканинами або нервами.

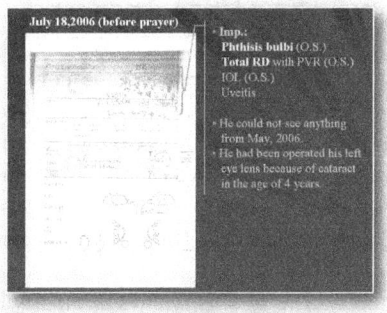

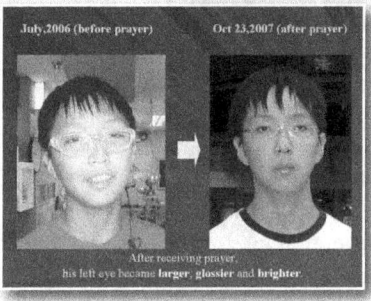

Випадок Кеонві Парк, представлений на 5-ій конференції ВМХЛ

Незважаючи на те, що нерви або клітини мертві, вони можуть відновитися знову, якщо простір четвертого виміру покриє їх. Фізичне каліцтво також може виправитися у просторі четвертого виміру. Інші хвороби, спричинені бактеріями або вірусами, такими як СНІД, туберкульоз, застуда або гарячка можуть бути вилікувані у просторі четвертого виміру.

У таких випадках вогонь Святого Духу сходить і спалює бактерії і віруси. А ушкоджені тканини відновлюються у просторі четвертого неба і повністю одужують. Навіть щодо проблеми безпліддя, якщо орган або частина тіла, де існує проблема, зцілиться у просторі четвертого рівня, людина може мати дитину. Для того, щоб ми зцілилися від хвороб або недугів силою Бога у просторі четвертого рівня, ми повинні відповідати умовам правди Божої.

3. Справи, які переступають межі часу і простору

Могутні справи, які відбуваються у просторі четвертого виміру, переступають межі часу і простору. Це відбувається тому що простір четвертого виміру містить в собі і переступає межі всіх просторів інших вимірів. У Псалмі 18:5 написано: «Та по цілій землі пішов відголос їхній, і до краю вселенної їхні слова!» Це означає, що слова Бога, які живуть на четвертому небі, досягнуть краю світу.

Навіть дві точки на великій відстані у першому небі, фізичному царстві, здаються близькими одна до одної у концепції простору четвертого виміру. Світло обходить всю Землю сім з половиною разів за секунду. А світло сили Бога може досягти навіть краю всесвіту за мить. Тому відстань у фізичному царстві не має значення або обмеження у просторі четвертого виміру.

У 8 главі Євангелія від Матвія сотник попросив Ісуса вилікувати його слугу. Ісус сказав, що піде до нього у дім, а сотник відповів: «Недостойний я, Господи, щоб зайшов Ти під стріху мою... Та промов тільки слово, і видужає мій слуга!» Тому Ісус відповів: «Іди, і як повірив ти, нехай так тобі й станеться!» І слуга у ту ж мить вздоровився.

Оскільки Ісус володіє простором четвертого виміру, хвора людина, яка була далеко, зцілилася лише за наказом Ісуса. Сотник отримав таке благословення тому що явив бездоганну віру в Ісуса. Ісус також похвалив віру сотника, промовивши: «Поправді кажу вам: навіть серед Ізраїля Я не знайшов був такої великої віри!»

Навіть у наш час дітям, які поєднані з Богом бездоганною

вірою, Бог являє справи сили, що переступає межі часу і простору.

Сінтія з Пакистану помирала від целіакії. Лизаніас з Ізраїлю помирав від вірусної інфекції. Але вони зцілилися за допомогою сили молитви, що переступає межі часу і простору. Роберт Джонсон із США також отримав зцілення внаслідок сили молитви, що переступає межі часу і простору. Його Ахіллове сухожилля розірвалося, і він не міг ходити через сильний біль. Без будь-якого медичного лікування він швидко одужав лише за допомогою сили молитви, що переступає межі часу і простору. Це робота сили, яка проявилася у просторі четвертого виміру. Надзвичайні справи, які відбуваються через хустки, -- це також справи, що переступають межі простору і часу. Навіть з часом, якщо власник хустки є гідною людиною в очах Бога, сила, яка міститься в ній, не зникає. Тому хустка, над якою помолилися, дуже дорогоцінна, тому що може відрити простір четвертого виміру будь-де.

Але якщо людина використовує хустку безбожним способом, не маючи віри, роботи Божої не відбудеться. Не лише людина, яка молиться з хусткою, але і людина, над якою моляться, повинна перебувати у відповідності до правди. Ця людина повинна вірити, і не сумніватися у тому, що хустка має силу Бога.

У духовному царстві все відбувається вірно і точно відповідно до правди. Отже віра людини, яка молиться, а також людини, над якою моляться, вимірюється точно, і справа Бога явиться відповідно до цього.

4. Використання духовного простору

У Книзі Ісуса Навина 10:13 написано: «...І сонце стало на половині неба, і не поспішалося заходити майже цілий день». Це сталося, коли Ісус Навин бився з аморeями під час завоювання ханаанського Краю. Як час міг зупинитися на день у першому небі?

День – це період часу, за який Земля робить оберт навколо своєї осі. Отже для того, щоб час зупинився, обертання Землі має зупинитися. Але якщо обертання Землі зупиниться, це катастрофічно вплине не лише на Землю, але також на інші небесні тіла. Тож яким чином час міг зупинитися майже на цілий день?

Це було можливо тому що не лише Земля, а й усе, що існує на першому небі, було у потоці часу у духовному царстві. Потік часу на другому небі швидший, ніж на першому небі, а потік часу на третьому небі швидший, ніж потік часу на другому небі. Але плин часу на четвертому небі може бути швидшим або повільнішим, ніж на інших небесах. Інакше кажучи, плин часу на четвертому небі може вільно змінюватися в залежності від намірів Бога, як Він задумав у Своєму серці. Він може подовжити, скоротити або зупинити плин часу.

У випадку з Ісусом Навином, перше небо вкрилося простором четвертого неба, і час продовжився як було необхідно. В Біблії ми читаємо також іншу історію, коли плин часу сповільнився. Це було коли Ілля біг швидше колісниці царя, про що написано у 18 главі 1 Книги Царів.

Скорочений плин часу протилежить продовженому плину часу. Ілля просто біг своєю швидкістю, але оскільки він перебував у скороченому плині часу, він міг бігти швидше, ніж царська колісниця. Справи створення, воскресіння мертих і справи, які переступають межі часу і простору, відбуваються у плині часу, який зупинився. Тому у фізичному світі особлива робота виконується одразу за наказом або тримається у серці.

Давайте розглянемо «телепортацію» Пилипа у 8 главі Книги Дії.

Його направляв Святий Дух зустрітися з етіопським скопцем на дорозі з Єрусалиму до Гази. Пилип благовістив про Ісуса Христа і охристив його у воді. Потім Пилип раптом з'явився у місті Азот. То була «телепортація».

Щоб відбулося переміщення на відстані, людині необхідно пройти через духовний перехід, встановлений простором четвертого виміру, який має ознаки четвертого неба. У цьому уривку плин часу зупинився, і тому чоловік зміг подолати відстань моментально.

Якщо ми використаємо цей духовний перехід, ми можемо управляти навіть погодними умовами. Наприклад, припустимо, існують два місця, де люди страждають від посухи і повені відповідно. Якщо дощ з місця повені можна було б переслати у місце, де панує посуха, проблеми обох місць вирішилися б. Навіть тайфуни або урагани пересуваються по духовних переходах у місце, яке не населене людьми, щоб не завдати проблем. Якщо ми використаємо духовний простір, ми можемо управляти не лише тайфунами, але також виверженнями вулканів і землетрусами. Ми можемо покрити вулкан або джерело землетрусу духовним простором.

Але все це можливо лише коли вжите правильно відповідно до правди Бога. Наприклад, щоб зупинити стихійне лихо, яке впливає на всю країну, лідери країни повинні попросити помолитися. Також навіть якщо духовне царство сформувалося, ми не можемо піти проти правди першого неба повністю. Вплив духовного простору буде обмежений в залежності від того, чи не буде перше небо перебувати у хаосі після підняття духовного простору. Бог управляє всіма небесами Своєю могутністю, Він – Бог любові і правди.

(Кінець)

Автор:
Доктор Джерок Лі

Доктор Джерок Лі народився у 1943 році у Муані, провінція Джеоннам, Республіка Корея. До тридцяти років на протязі семи років доктор Лі страждав від невиліковних хвороб і мав померти, не маючи надії на одужання. Одного дня навесні 1974 року його сестра привела його до церкви. І коли він став на коліна і помолився Богові, Бог зцілив його від усіх хвороб.

З того моменту, коли доктор Лі пізнав живого Бога через такий чудовий випадок, він щиро полюбив Бога усім серцем. А у 1978 році Бог покликав його на служіння. Джерок Лі палко молився про те, щоби ясно зрозуміти волю Бога та повністю виконати її. У 1982 році він заснував Центральну Церков Манмін у Сеулі, Південна Корея, а також почав виконувати численні Божі справи. У церкві почали відбуватися чудесні зцілення і дива.

У 1986 році доктор Лі отримав духовний сан пастора Щорічної асамблеї християнської церкви Сункюл, Корея. А через чотири роки, у 1990 році, його проповіді почали транслюватися в Австралії, Росії і на Філіпінах. Через деякий час ще більше країн отримали змогу чути радіопрограми завдяки роботі Радіотрансляційної кампанії Далекого Сходу, Широкомовної станції Азії та Християнського радіо мережі Вашингтон.

Через три роки, у 1993, журнал «Християнський світ» (США) оголосив Центральну Церкву Манмін однією з «50 найбільших церков світу». Доктор Лі отримав почесний ступінь доктора богослов'я у Коледжі Християнської віри, Флоріда, США. А у 1996 році – ступінь доктора духівництва у Теологічній семінарії Кінгсвей, Айова, США.

З 1993 року доктор Лі керує всесвітньою місією, проводить багато кампаній у Танзанії, Аргентині, Латинській Америці, Місті Балтимор, на Гавайях, у місті Нью-Йорк (США), в Уганді, Японії, Пакистані, Кенії, на Філіппінах, у Гондурасі, Індії, Росії, Німеччині, Перу, Демократичній Республіці Конго, Ізраїлі та Естонії.

У 2002 найбільша християнська газета Кореї назвала Джерок Лі «Всесвітнім пастором» за його роботу у багатьох великий об'єднаних кампаніях, що проводилися за кордоном. Особливо його «Кампанія Нью-Йорк 2006», яка проводилася у Медісон Сквер Гарден, найвідомішій у світі арені, транслювалася для 220 країн світу. Під час «Ізраїльської об'єднаної кампанії 2009», яка проводилася у Міжнародному Центрі Конвенцій в Ізраїлі, доктор Лі сміливо проголосив Ісуса Христа Месією і Спасителем.

Його проповіді транслюються у 176 країнах світу через супутники, у тому числі телебачення ВМХ. Також доктор Джерок Лі потрапив у десятку найвпливовіших християнських лідерів 2009 і 2010 років за версією найпопулярнішого російського журналу «Ін Вікторі» і нового агентства «Крістіан Телеграф» за його могутнє телевізійне служіння і пасторське служіння за кордоном.

З липня 2013 року Центральна Церква Манмін налічує більше 120 000 членів. Вона має 10 000 церков-філій в усьому світі, у тому числі 56 домашніх церков-філій, також відправила більше 125 місіонерів у 23 країни світу, у тому числі США, Росію, Німеччину, Канаду, Японію, Китай, Францію, Індію, Кенію та багато інших.

На момент виходу цієї книжки доктор Лі написав 87 книжок, серед яких є бестселери: «Відчути вічне життя до смерті», «Моє життя, моя віра І і ІІ», «Слово про хрест», «Міра віри», «Небеса І і ІІ», «Пекло», «Пробудження Ізраїлю» і «Сила Бога». Його роботи були перекладені більш ніж на 75 мов.

Його статті друкуються на шпальтах видань: «Ганкук Ілбо», «ДжунАн Дейлі», «Чосун Ілбо», «Дон-А Ілбо», «Мунгва Ілбо», «Сеул Шінмун», «Кунгуан Шінмун», «Економічна щоденна газета Кореї», «Вісник Кореї», «Шіса Ньюс» та «Християнська газета».

Доктор Лі є головою багатьох місіонерських організацій та об'єднань. Він – голова Об'єднаної церкви святості Ісуса Христа; президент Всесвітньої Місії Манмін; незмінний президент Асоціації всесвітньої місії християнського відродження; засновник і голова правління Всесвітньої християнської мережі (ВХМ); засновник і голова правління Всесвітньої мережі християн-лікарів (ВМХЛ); а також засновник і голова правління Міжнародної семінарії Манмін (МСМ).

Інші відомі книжки автора

Небеса I і II

Детальна розповідь про розкішне оточення, в якому житимуть небесні мешканці, а також прекрасний опис різних рівнів небесних царств.

Слово про Хрест

Сильна проповідь пробудження про всіх людей, які перебувають у духовному сні. Із цієї книги ви дізнаєтеся про те, чому Ісус – Єдиний Спаситель, а також про істинну Божу любов.

Пекло

Відкрите послання Бога всьому людству. Він бажає, щоби жодна людина не потрапила у пекло. Ви дізнаєтеся про досі невідомі думки щодо жорстокої дійсності Гадесу та пекла.

Дух, Душа і Тіло I і II

Посібник, який дає нам духовне розуміння духу, душі і тіла, і допомагає нам дізнатися про те, яке «я» ми створили, так щоби отримати силу перемогти темряву і стати людиною духу.

Міра Віри

Які оселі, вінці та нагороди приготовані для вас на небесах? Ця книга додасть вам мудрості і скерує вас, щоби ви виміряли свою віру, розвивали і вдосконалювали її.

Пробудження Ізраїлю

Чому Бог споглядав за Ізраїлем з самого початку і до теперішніх часів? Яке провидіння було приготоване в останні дні для Ізраїльського народу, який досі чекає на Месію?

Моє Життя, Моя Віра I і II

Автобіографія доктора Джерок Лі дозволяє читачам відчути найприємніший духовний аромат, розповідаючи про життя, що цвіте надмірною любов'ю до Бога посеред чорних хвиль, холодного ярма і найглибшого розпачу.

Сила Бога

Книга, яку бажано прочитати всім. Ця книга – важливий провідник, завдяки якому кожен може оволодіти істинною вірою і відчути дивовижну силу Бога.

www.urimbooks.com

www.ingramcontent.com/pod-product-compliance
Lightning Source LLC
LaVergne TN
LVHW021821060526
838201LV00058B/3461